今が一番幸せ
といえる自分を作る
人生をスッキリ整えるノート

草薙龍瞬

家の光協会

さあ、始めよう

「今が一番幸せです」と自信をもって言える人は、どれくらいいるのでしょう。「こんな日々が続けばいいな」と自然に思える。そんな人は多くないかもしれません。

でもそれは、もったいない話です。少し工夫を加えれば、満たされない毎日も、すっきり快適な暮らしに変わるかもしれないからです。

古い家だって、リフォームして磨き上げれば、新築同然の家に変わります。ゴミがあふれた部屋だって、片づければ爽快な風が入ってきます。あなたの暮らしも、少し手を加えるだけで、見違えるほど快適なものに変わるかもしれないのです。

幸いに方法があります。仏教のアイデアを現代風にカスタマイズして、あなたの日常に使ってみるのです。

もともと仏教は、快適でクリーンな心を育てる方法です。心を磨く。生活のルールを作る。遠い昔のインドでも、人々はどうすれば、理想の境地にたどり着けるか、不満や憂いなく、すがすがしい心で暮らして、最後は人生を丸ごと肯定しようという生き方を追い求めていたのです。

そんな仏教的暮らし方を、日常に使える形でまとめたのが、このノートです。いわばブッダが教える〝幸せになれるライフハック〟(生活の工夫)です。

　ノートというからには、〝書く〟ことを想定しています。仏教的生き方・暮らし方を学びつつ、気持ちを整理し、今後どんな暮らし・人生を作っていくか、プランを立てていくのです。

　言葉は、強い力を持っています。書くにつれて、アタマの中が整理され、今後の生き方が見えてきます。

　このノートを開き、ペンで書き込み、色を塗って、〝自分だけの生き方〟を作り上げてください。作業が進めば進むほど、「こんな暮らしがしたい」というイメージが湧いてくるはずです。あとは実際に試してみるだけ。きっと楽しい毎日が始まります。

　では、人生をスッキリ整えるノート、始めましょう!

草薙 龍瞬

目次

このノートの構成

このノートは、四つのパーツで作られています。

解説

　このノートの文章は、ブッダの考え方をベースにしたものです。大事だと思う個所に線を引いたり、○で囲ったり、マーカーで色をつけたりしてみます。「生き方・考え方を拾う」つもりで読んでいきましょう。

仏教こばなし

　少し掘り下げた仏教の解説です。脱線気味のカジュアルな話題も盛り込んであります。

エクササイズ

　毎日に取り入れてほしい練習メニューです。体であれば、運動したりストレッチしたりすれば、健康になりますよね。心も同じです。「実際にやってみる」ことで、心にプラスの変化が生じます。

ノート

　思いを自由に書き込む欄です。きれいに書く必要も、完全な答えを出す必要もありません。子供が夢中で絵を描くのは、ただ描いてみることが楽しいからです。このノートも同じ。〝とにかく書いてみる〟を大事にしましょう。

第2章 生活をリフォームする

　心に続いてリフォームするのは〝生活〟です。生活とは、自分が過ごしているパーソナルな領域のことです。

　生活は四つで作られます。過ごしている時間・場所・作業（やること）・見聞きするもの（人・情報・学びも含む）です。

　この四つの合計が〝わが人生〟だと思ってください。人生は途方もないもの、見通しがつかず、混乱に満ちたものに思われがちですが、実際はコンパクトなのです。

仏教こばなし
書くとなぜ人生が変わるのか？

　言葉は力となり、必ず生活を、やがて人生を変えていきます。なぜ書くことに価値があるのか、いくつか理由を整理してみましょう。

　第一に、書く作業に集中することで、心が洗われます。雑念が吹き払われて無心になれる。落ち着くことで快を感じる。お寺でやる写経は、その効果を狙ったものです。

　第二に、アタマの中を整理できます。そもそも心は脆弱で、すぐ反応して妄想に流れます。こうしたつかみどころのないアタマに〝秩序〟を与えるのが、書く

エクササイズ
自分流・健康づくり

　体については、年齢・体質・病気など、コンディションは人さまざまですが、なるべく健康に良いことを心がけたいものです。「ちょっと頑張ればできそう」と思える健康づくりのアイデアを書いてみましょう。まずは次の中から「やってみたいもの」にチェックを入れてください。

一日〇〇歩ウォーキングする ……………………………………□

ノート
価値ある作業をリストアップ

　次につながる、後に残る、自分にとって価値ある作業は何でしょうか。「これが最優先」と思うものをリストアップしてみましょう。

例|「明日の食事を作り置き」「朝一時間のマイワーク（勉強・読書）」「休日は子供と遊ぶ」

このノートの使い方

"とにかく手を動かす" ことです。こんなワザを使えます——

なぞる

　大事な言葉 (新しい思考として使える言葉) を色分けする、余白に書き出す。

色分けする

　あとで振り返る時のために、大事な部分は好きな色で囲っておく。

答える

　問いについて、自分なりの答え (考え) をまとめる。

重ねる

　古い言葉は消さずに線を引いて、行間・余白に新しい言葉を追加する。余白がなくなったら、付箋やルーズリーフを貼って言葉を重ねていきましょう。分厚くなれば達成感を味わえます。全部バラしてバインダーに綴じる手もあります。

記録する

　書いた言葉に日付を添えると、日記代わりになります。「こうやって生きてきた」と思い出せることが増えれば、人生がいっそう確かなものに変わっていきます。「書いた言葉が人生の軌跡」です。

やったるでえ！

第1章 出発点を確かめる

　道に迷ったら、「ここはどこか？」を確かめますよね。現在位置がわからなければ、目的地にたどり着けるはずもありません。この先の毎日も同じことが言えます。今の自分、つまり今の暮らしを確かめることが、未来に向かううえで欠かせない作業になります。

　さっそく、今の自分を確認しましょう。次のうちから、自分に当てはまるものに、チェック☑を入れてください。

正しい生き方チェック

❶「近い将来、こんな生活が待っている」という明るいイメージ（方向性）が
　見えている。 --- □

❷ 日々、自分の心の状態を観察するようにしている。 ------------------------ □

　　例「自分は今イライラしている」「ムダなことを考えている。これは妄想だ」

❸ 人と関わる時は、相手の気持ちを理解しようとしている。 -------------- □

　　例「言っていることはよくわかります」「それはイヤですよね」

❹ 価値あるものとそうでないものを、分けるようにしている。 ----------- □

　　例「スマホの使い方に気をつけている」「苦手な人と関わりすぎないよう
　　　にしている」

❺ 一日の時間割を作るようにしている。 ------------------------------------- □

　　例「今日の課題はこれとこれ」「夜はこうやって時間を過ごす」

❻ 人と関わる時は貢献すること（役に立つこと・励ますこと）を心がけてい
　る。 --- □

　　例「仕事とは役割を果たすこと」「よかった、相手が満足してくれた」

❼ 後悔しない生き方をしようと努力している。 -------------------------------- □

❽ 苦痛が増えるもの（ネット・ＳＮＳや人づきあい）を減らすように気をつ
　けている。 --- □

❾ 関わる相手への敬意と感謝を忘れないようにしている。------------------- □

　　例 「世の中の人はみな、自分にはできない仕事・人生を生きている」

　　　　「○○してくれてありがとう」「おつかれさま」

❿ 自分の思い上がりや見栄に気をつけている。他人に振り回されていない。□

　　例 人に認められようとムキにならない。カッコつけない。他人を見下さない。

　　　　悪く言わない。

⓫ 他人から積極的に学ぼうと心がけている。-------------------------------- □

　　例 人の話をよく聞く。相手の取り柄や、自分にできないことを見習おう

　　　　としている。

⓬ 快適な気分で過ごすことを大事にしている。------------------------------ □

　　例 「ストレスを溜めないように気をつけている」「穏やかにいられるよう

　　　　に努力している」

〜原始仏典スッタニパータ〈こよなき幸せ〉を参考に〜

　いかがでしょうか。つけているうちに、「あれ、あまり当てはまらない
な？」と感じた人が多いかもしれません。ここに挙げた心がけをすでに実践
している人は、かなり生き方上手です。

ノート
どんな自分が見えてきた？

「正しい生き方チェック」で、これまでの自分について気づいたことを書いてお
きましょう。例 「ＳＮＳを止められない。気持ちよく暮らせるように努力できて
いない？」「人目を気にしすぎるクセがある」

書くことで幸せが近づく

　みんな幸せになりたいはず。でも意外なことに、幸せとは何か、どうすれば幸せになれるのかを、はっきり言葉にできる人は、世に多くありません。

　幸せをめざすとは、きちんと幸せの中身を定義して、その方法を明確にして、実際の行動に移すこと。たとえば、どうすれば不安に駆られず、未来を信頼し、自分を好きになり、人と世界を肯定できるのか、ひとつずつその方法を答えられることです。そして答えの通りにやってみる——でも、そんな生き方を教わる機会は、正直ほとんどないのです。

　結果的に、人は我流で生きるしかありません。放り込まれた環境の中で、イライラ、モヤモヤを抱えながら、なんとなく生きている。つらいな、苦しいな、孤独だなと感じても、どうすれば抜けられるかはわからない。わからないまま我流で生きて、満たされないまま終わるのです。それはイヤだと思いませんか？

　だからこそ、仏教という思想に学び、言葉で答えていくのです。何がわかっていないか。何ができれば、スッキリ爽快な気分で生きていけるのか。今確認した項目こそは、今の正直な自分の姿であると同時に、この先の大事な心がけ、いわば生き方になるのです（後で戻ってきて確認してください）。

　〝幸せな毎日を過ごす〟というのは、きわめて具体的な方法によって成り立つのです。「これとこれをそろえれば、幸せな毎日が手に入る」ということです。具体化するには、書くことです。ブッダの考え方をこのノートに学び、参考にしながら、「自分はこれをやります！」と思えるアイデアを言葉にする。そのことでフワフワと漂っていたかのような日常から、「この毎日が理想（自己ベスト）」「間違いない」という確信に満ちた暮らしに変わってゆくのです。

人生は改善できる
必要なのは、生き方に答えを出すこと

快適暮らしはココから入る

人生には「まずは、こんな心がけで生きていこう」という入り方があります。いわば、最初に使う〝生活のルール・方針〟です。ブッダが伝えた方針は、意外なほどシンプル──「とにかく苦しみを増やすな」ということ。詳しくいえば、①不快を減らして、②快を増やすことです。

不快を減らす

不快とは、イライラ、ざわざわと気持ちが落ち着かなくなることです。不快感があると、生活は台無しです。だから怒らない・求めすぎない・余計なことを考えない（妄想しない）ことが必要になります。

そのための基本方針は以下の通り── 右側の言葉の意味が「理解できた（言っていることはわかる）」と思ったら、チェック☑を入れてください。

怒らないようにする	⇒	怒らずに、まず受け止める。言いたいことは「伝えよう」と努力する。□
妄想しないようにする	⇒	心をざわつかせるマイナスの考え事をしないようにする。□
求めすぎないようにする	⇒	あれもこれもと欲しがるのではなく、今の自分にできることを確実にこなす。□

＊できるかどうか（行動に移せるか）は、まだ考えなくてOKです。まずは右欄に掲げた基本方針を覚えておきましょう。

快を増やす

快とは、喜びや嬉しさ・楽しさ、心地よさ・爽快感など、自分が幸せだと感じる心の状態をいいます。これは〝増やす〟ことが可能です。これも次の言葉の意味が理解できたら、「理解できる」という意味でチェックを入れてください。

喜びを増やす	⇒	どうせ生きるなら、楽しいこと・嬉しくなるようなことをして生きよう。☐
価値あるものをめざす	⇒	仕事・学び・生活全般にわたって「これは価値がある」と思えるものを優先させる。逆に価値のないものは減らしていく。☐
自分の納得を 基準にすえる	⇒	他人がどう思うかではなく、自分がヨシと思えること（納得）を大事にする。☐

　では、想像してみてください。好きなことをする、楽しく時間を過ごす、自分がヨシと思えることをする。これが実践できるだけで、もはや過去の自分とは別人です。イライラが消えて、余計な考え事をしなくなれば、空いた心を、もっと価値あることに使えるようになります。

　もし毎日を〝不快を減らし、快を増やす〟という方針で生きていけば、シーソーが上下入れ替わるように、人生は根底からひっくり返っていきます。もし人生を変えたいなら、この二つの基本方針を徹底すればよいのです。

　まず人生に軸を持つこと——快を選んで、不快を捨てる。その具体的な実践は、ここから始めましょう！

ノート

不快なもの、快につながるものは何？

(1) 自分が「減らしたい」と思うこと（不快・苦痛なこと）は、何でしょうか。「〇〇を減らしたい」というフレーズでまとめてみましょう。

例 「家にいる時間を減らしたい」「スマホを眺める時間を減らしたい」「仕事のプレッシャーから解放されたい」「ストレスをなくしたい」

(2)「これをやると、楽しくなる、元気が出る」ことを、リストアップしてみましょう。

例 「友達とおしゃべりする」「カラオケで歌いまくる」「〇〇の勉強をする」「年に一度の旅行」「お気に入りの店で食事する」

道に立って、もう一度始めよう

　人生は、大きく二つに分かれます。一つは、道なき人生。もう一つは、道に立った人生です。

　道なき人生とは、どこに向かっているかわからない人生です。欲にまみれ、人の目を気にして、世間の話題や噂話を追いかけて、良いの悪いのと他人を裁き、小さなことに腹を立て、ふと「このままでいいのだろうか」と不安になるような人生です。

　道に立った人生とは、生き方を知っている人生です。何をめざすか、何をするかが、わかっている。心が乱れても、すぐ立て直せる。「この生き方に間違いない」とわかっているから、自信を持っている。ちなみに本当の自己肯定は、「この生き方で間違いない」という確信によって完成します。

　残念ながら、道に立っている人は多くありません。ふと気づけば、満たされなさの中にいる。過去に縛られている。自分を肯定できない。優しくなれない。風に舞う木の葉のように、あてもなく回り続けている。そんな人生を生きています。「こんな生き方では、あっという間に歳を取って死ぬだけだ。無意味じゃないか」

　そうはっきり気づいたのが、ブッダです。ブッダもまた苛立ちと煩悶（モヤモヤ）の中を生きていましたが、〝生き方〟を探して、ついにたどり着いたのです。それが仏教——最高の納得・肯定の境地にたどり着くための生き方です。ブッダの生き方を学び、実践して、実際に日々の暮らしを変えていくことが、現代人に与えられた〝道〟ということになります。

　本当の幸せを感じたいなら、道が必要です。道（生き方）に立って明日に踏み出す。道に戻って、もう一度やり直す。「私は道を知っている。この人生に間違いはない」と思えることが、大事なのです。

「これで間違いない」という確信にたどり着くには、しばらく時間がかかります。このノートを活かして、まずは自分だけの答えを出してください。道を示す数々の言葉が見つかるはず。それだけでも大きな前進です。あとは一つずつ試して習慣にしていけば、人生そのものが変わっていきます。

ノート
これまでの自分を振り返る

　過去の自分は"道"に立っていたでしょうか。どんな人生だったでしょう。自由に振り返ってみましょう。

例「思えば、反省の多い人生だった。○歳の時は○○していた……」

＊書いた言葉は生きた証にもなります。素直に振り返ってみましょう。書く欄が足りない時は、ルーズリーフや付箋も使いましょう。

心をリフォームする

同じ家に長く住んでいると、やがて飽きてきますよね。「そろそろリフォームしてみるか」と思えてきます。人生についても、もし「最近マンネリだな、つまらないな」と思えてきたら、心のリフォームをお勧めします。

心のリフォームとは、心にあるものを新しいものに入れ替えること。ストレスや過去やわずらわしい他人など、心に残る重いものを全部リニューアルしてしまうのです。具体的には①心を見る、②心を洗う、③心にプラスの価値を入れ直すという順序で進めます。

心を見る

心を見るとは、心の状態を客観的に見る（観察する）こと・自覚することです。コツは、次の三つです。

■1 今の心が、いい状態か悪い状態かをチェックする

しばらく目を閉じて、今の気分や精神状態を点検しましょう。イライラしている、落ち着かない、雑念が渦を巻いている、ヤル気が出ない……そんな状態なら「悪い状態」に分類してください。

他方、心が穏やかである、スッキリしている、ストレスがない、人の話をよく聞ける、作業がはかどる、集中できる状態なら、「いい状態」です。

自分の心に気づけるようになること。「いい状態じゃないな」「調子がいいな」と自覚できること。この〝心を見る〟習慣が、雑念やストレスを洗い流す大事な技術になります。

■2 思いをラベリングする

ラベリングとは、客観的な言葉で事実を確認することです。「私は今、○○をしている」と動作を確認する。「今イライラしている」とメンタル（心の状態）を確認する。言葉で現実をとらえようと意識することで、客観的に見る能力が育ちます。

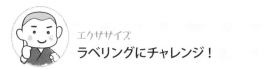
ラベリングにチャレンジ！

次の中から、自分の心にあるものを、○で囲むか、色を塗ってみましょう。

ストレス（身心の不快）　イライラ　恐れ　不安　後悔　過去に見た映像（記憶）　他人の視線・言葉
ムシャクシャ　完璧主義　未練　空しさ　孤独　神経質　こだわり性　相手にこうしてほしい
緊張　怒り　恨み　悲観　プレッシャー　期待・願望
疑い・不信　弱気　自信が持てない　見栄・虚勢　今よりもっと…　過剰欲求
ピリピリ　嫉妬　逃げたい　臆病・人見知り　プライド　あげたくない（物惜しみ）
悲しみ　勝ち負け　認められたい（承認欲）
動揺　憂鬱　裁き　自分の価値は？　自信過剰　慢　ラクしたい
肌で感じる　匂う　評価　判断　劣等感　遊びたい　感楽欲
見る　味わう　自分は正しい（自己否定）　食べたい　寝たい
聞く　異性
心

　他にも、日頃考えがち・反応しがちなことがあったら、ラベリングしておきましょう。例 人と会うと緊張する──「緊張・恐れ」。つい理屈っぽく考えてしまう──「理屈（観念）」とラベリング。

❸貪欲・怒り・妄想に分類する

さまざまにラベリングした思いも、究極のところ、次の三つに分類できます——①求めすぎ（貪欲）、②怒り、③妄想です。三つを見分ける目安をまとめておくと、

①求めすぎ（貪欲）——求める気持ちが強すぎる状態。期待しすぎ。ないものねだり。欲求は生きるためのエネルギーとして必要ですが、すぐ不満に変わるとしたら、求めすぎ、つまり貪欲に当たります。モノを欲しがる物欲や、自分への注目や賞賛を求める承認欲、他人や社会への「もっとこうあってほしい、こうあるべきだ」という過剰な要求や期待も、貪欲です。

貪欲が引き起こすのは、愚痴と不満、そして心の渇きです。イライラが続くようになります。そんな自分に気づいたら、「これは貪欲だ」とラベリングしてください。「求めすぎなんだな」と自覚することです。「不満があるなら、自分にできることから始めよう」と思い直す必要があります。

②怒り——刺激を受けて、イラッ、ムカッと不快な感情を持った状態が、怒りです。ミスした、ケンカした、忘れ物をした、損した、叱られた、許せないと思った……怒りの理由はさまざまです。

怒りの理由は二つに分かれます。ひとつは、相手・外の世界が原因の場合です。相手が傲慢だとか、こちらが望まないことを無理やりしてくる・言ってくるとか。不快を感じるのはこちらの反応ですが、原因は相手です。自分を責めるのではなく、距離を置くことも含め、どう関わるかを考える必要があります。

他方、自分が作り出している怒りなら、心を見て、洗い流して、入れ替えていくことになります。その方法は追って解説していきます。

③妄想——アタマの中の価値のない考えごとです。不愉快なだけの過去。考えてもわかるはずがない他人の心理。未来への不安など。幸せにつながらない考え事です。増えれば増えるほど、心が重くなっていきます。

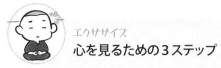

エクササイズ
心を見るための3ステップ

①求めすぎ（貪欲）、②怒り、③妄想に気づけること──心を見ることが、心をリフォームする第一歩です。実践は簡単です。

❶頭の中を観察する　目を閉じて、額（おでこ）のあたりの暗がりを見つめます。そのままじっとしていましょう。目を閉じたまま、きょろきょろと見渡して、暗がりをすみずみまで観察します。

暗がりだけが見えていれば、「妄想なし」です。逆に、暗がり以外のもの（映像や言葉）が浮かんだり、いつの間にか考えごとをしていたことに気づいたら、「これは妄想だ」「妄想していた」と確認（ラベリング）します。

❷胸のあたりを観察する　目を閉じて胸のあたりに目を向けます。イライラ、ムカムカしている時は、胸がざわついています。「怒りがある」と確認します。

外の刺激に単純に反応した場合は、「怒りで反応した・反応している」と理解します。他方、漠然とした不満や満たされなさが長く続いている場合は、「これは貪欲（求めすぎ）かもしれない」と考えてください。

いったい何を求めているのか。親の愛情を求めている場合もあるし、承認欲（見栄・虚栄心）が原因であることもあります。

いずれも〝なくても生きていけるもの〟です。それでもなお求めている自分は、まさに貪欲（求めすぎ）の状態なのです。ただのクセ。本当は必要なし。「意味ないなあ」と思えるようになれば、もうすぐ卒業です。

❸心の状態を点検する　心の状態を客観的に点検する時間を作ります。車や自転車だって、ブレーキやタイヤの状態を確認しますよね。心についても朝か夜か、休み時間か、電車の中か、「今はどんな状態かな？」とチェックするように努めましょう。

〝心を見る〟ことは、本を読んでいるだけでは絶対にわかりません。1分、5分、10分と、目を閉じ続けて、それまでの〝外界に反応するモード〟から〝心の内を見るモード〟に切り替えねばなりません。さっそくやってみてください。

仏教こばなし
心の反応は "自分" ではない

　心の中にあるものは、ただの "現象" だと思ってください。もともとなかったものが、外の刺激に触れて、欲や怒りや妄想という反応が生まれます。ただの現象であって、自分ではありませんので、要注意。

　心に生まれる反応は、自分ではないのです。たとえば、頭のフケや体の垢は、自分から出てくるものですが、自分ではありませんよね。自分ではないとわかっているから、ためらいなく洗い流せます。心に浮かぶ汚れ（さまざまな反応）も、気づいて洗い流せばいいのです。

　心をさっぱりと清潔に保つことこそ、日々の暮らしの中で最も価値あることなのです。

気分を作る心の反応をよく観察せよ。
日々、心の動きを観察することを習慣とせよ。
そうすれば、心を縛る束縛を断ち切ることができる。

サンユッタ・ニカーヤ

ノート
心の点検タイム

　"心を見る時間" を設定しましょう。5分／15分／30分と、時間を決めてください。一日の何時頃やるか、およそのスケジュールも決めましょう。例「お昼休みに5分間心の状態を点検する」など。

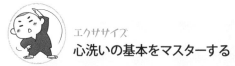

心洗いの基本をマスターする

　野菜も食器も、水で洗ってきれいにしますよね。心も、洗うことが可能です。簡単便利な〝心を洗う〟実践メニューをおさえておきましょう。

手を握る・開く

　目を閉じて、手のひらを見つめて、ぎゅっと握り、ぱっと開く。これだけです。見えている暗がり（視覚）と手の感覚を区別してください。手の感覚に集中して見るようにします。見つめながら「握る、開く」です。簡単ですね。

こんな状況にお勧め

　拳をギュッと握るのは、ガッツポーズや気合いを入れる時ですが、仏教的には、手の感覚に意識を集中させることを意味します。

　仕事や勉強に臨む前、大事な人に会う前などに、手を握る・開くのエクササイズをやって、妄想を吹き払い、気合いを入れましょう。

千歩禅

　目を閉じて、床を踏んだ足の裏の感覚を見つめます。見えている暗がり（視覚）と足の感覚を区別します。足の裏の感覚を見つめつつ、一歩踏み出します。足を前に出したら「1」と数えます。「2、3」と数えて「1000」まで続けます。

　誰かに声をかけられたり、スマホを気にしたり（つまり妄想）すると、数を忘れます。「反応に負けた」「妄想に流された」ということ。心が弱いということです。数を忘れたら「1」からやり直します。

こんな状況にお勧め

　イライラや雑念で落ち着かなくなった時に、「千歩禅を起動」しましょう。散漫な状態のままで、あれこれ考えたりスマホをいじったりすると、心はいっそうバ

ラバラになって気持ち悪くなります。まずは千歩禅で落ち着きを取り戻しましょう。

　お湯に浸かって、目を閉じて、全身の感覚を見つめます。手で湯水を掻いて、手の感覚を見つめます。湯の中を泳ぐ手の感覚は、日頃とは違う不思議な感じがするものです。その感覚を見ることに集中します。

こんな状況にお勧め

　風呂・サウナ・シャワーなどは、心を洗うベストタイムです。熱い湯に浸かる。シャワーの飛沫を肌に感じる。特に熱気に浸かって冷水に入るサウナは、交感神経を刺激して、アドレナリンが上昇して、アタマが活性化します。その後外気でゆっくり休むと、副交感神経が働いて体が平常に戻っていきます。アタマが冴えた状態で体がリラックス……その瞬間に「ととのう」快が来るのです。

　「ストレス・疲れ・妄想が溜まったら、感覚に意識を使う」と覚えておきましょう。まずは足の裏、手のひら、肌を刺激すること。入浴は、いわば心洗いのフルコース——体を洗うだけでなく、心を清める時間として活用しましょう。

心洗いの時間割りを作る

(1) 心を洗う時間割・マイルールを作りましょう。

例「階段を上り下りする時は、歩数を数える」「大事な場面の直前に手を握る・
開くを10回やる」「連休初日はお風呂禅をやる」など。

(2) 実際にやった日付を記録していきましょう。一つの実践を1ポイントと数えて
みます（10ポイント貯まったらデザートを買うとか、上り下りした階段の数を
数えて「一万段＝10000ポイントを達成したら○○を買う」ことをめざす
のも、楽しい工夫です）。

| / | / | / | / | / | / | / | / | / | / | … (10pt) |

| / | / | / | / | / | / | / | / | / | / | … (20pt) |

| / | / | / | / | / | / | / | / | / | / | … (30pt) |

| / | / | / | / | / | / | / | / | / | / | … (40pt) |

| / | / | / | / | / | / | / | / | / | / | … (50pt) |

　　　　ポイント貯まったら　　　　　　　　　　　　　　を買う。

生活のムダを減らす

　心を洗うとは、ムダな思いを減らすこと。この〝減らす〟発想は、生活にも使えます。生活の中のムダには、こんなものがあります。ひとつずつ減らしていきましょう——。

①ムダな時間 ——これは、心を汚す時間のことです。苦痛な人と一緒にいる。ダラダラとスマホやネットを見続けるなど。心は弱く、つい刺激を追いかけてしまいます。しかし刺激に触れて生まれるものは、欲と怒りと妄想という煩悩（心の汚れ）です。これが心地悪いのです。

　だから刺激を減らすことが基本です。下手に刺激を受けるくらいなら、何もせずにじっとしているほうがよいと思えるようになりましょう。理想は、そのぶん本当に楽しいこと・価値があると思えることに時間を使うことです。〝快を増やす〟という基本方針に帰るのです。

②ムダな人間関係 ——人は、驚くほど人間関係に振り回されています。他人の悪口、噂話、ケチや文句につい目が向く。また、一緒にいても苦痛、退屈、都合よく利用されるだけ、そんな相手にも、ついお付き合いしてしまいます。

　仕事などの利害関係があれば、やむをえません。でも、一人でいるのが退屈だから、嫌われたくないから、その場の空気を壊したくないからという程度の理由で苦痛な相手と関わるのは、やはりムダです。

　そもそも他人ごとに首を突っ込んでも、自分の貯金や幸せが増えるわけではありません。嫌われまいと思っても、他人は好き勝手なことを言うものです。人間関係が幸せを増やしてくれるとは限らない。ならば媚びず、追いかけず、自分らしくいられる相手、意味がある・必要だと思える人とだけ関われば、十分です。人間関係も整理していきましょう。

③**ムダな環境**──自分がいる意味がわからない、そんな場所や環境のことです。家、土地、職場など、必要か、無意味か分別してみましょう。

　今の環境・場所に意味があるか──見極めることは、案外難しいものです。お金が必要だからとか、まだ未練があるとか、場所を変えることが恐い・不安といった理由からです。意味があるのか、答えを出せない……いわゆる〝迷い〟です。これについては、次の解決法を試してみましょう。

エクササイズ
ムダかどうかは〝引き算〟で

　意味があるのか、ムダなのか。答えを出すにはコツがあります。実は、二つの引き算が必要です。もし生活する場所・進路・転職・人づきあい・恋愛・結婚などに迷ったら、次の引き算をしてください。

ステップ1

　今の暮らしの中で、「これはムダではないか？」と疑問に思うものを挙げてください。**「もしコレがなくなったら、どう感じるだろう？」**と想像してみます。たとえば、

「この家を出たら、自由になれるだろうなあ」「親から解放されたら、私も優しくなれるだろうなあ」「転職すれば、この憂鬱から解放されるだろうなあ」といった具合です。

　いわば、「Aを引くとBが残る」という引き算です。Bは「自分の心境がどう変わるか」です。Bがプラスである（利益・喜びがある）ことを確認してください。

$$今の生活 \ - \ A \ = \ B（自分にプラス）$$

例「今の生活から、今の仕事を引けば（転職すれば）、ラクになれるだろうな」

今度は「**もしコレがなくなったら、どんなマイナス・不利益があるだろう？**」と想像してみます。引くもの（A）は、さっきの引き算と同じです。「家を出たら、生活に困るだろうなあ」「親から離れたら、寂しくなるだろうなあ」といった具合です。「Aを引くとCというマイナスが残る」という引き算です。

$$\text{今の生活} \quad - \quad A \quad = \quad C\,(\text{自分にマイナス})$$

例「今の生活から、今の仕事を引けば、収入が減るだろうなあ」

なお、この引き算には条件があります。引くもの（A）は、"**自分一人でできること**"に限ります。やろうと思えば自分一人でできること。「家を出る」とか「あの過去を忘れる」ことは、自分一人でできるから、OKです。しかし「あの上司が左遷されたら」「あのにっくき人が早く死んでくれたら」というのは、自分にはできないことなので、計算してはいけません！

そのうえで、**BとCとを比べます。Bというプラスは、素直な気持ちとして、そのままキープしてください。**考えるべきは、Cというマイナスです。

「はて、本当にマイナス（不利益）か？」「なんとでもなるんじゃないか？」と考えてみます。たとえば「家を出たら、寂しくなる」というのは、「その分自由な時間も入ってくるから、いいじゃないか」。「転職したら収入が減る」というのは、「新しい職場で頑張ればいいじゃないか、ストレスが減るほうが大事じゃないか」という具合です。

人の心はマイナスに過敏反応してしまうクセがあります。本当は引いても差し支えない（他で埋め合わせができる）のに、心は現状維持を望むからです。だからそのぶんCが大きく見えるのです。「**でも他に方法があるかもよ？**」と考えてみてください。

最後に**BとCを冷静に比べます**。どちらの価値が大きいか。Bは素直な気持ち。快がある。価値がある。Cはマイナス。でも今そう思っているだけで、別のもので埋め合わせることが可能かもしれません。

　BかCか——最終的にBが大きいことが見えたら、Bを選ぶことになります。

`ステップ4`

　あとは、**Aを引く**だけです。つまり行動に出る。疑問に感じていたこと・悩んでいたことを取り除く。家を出る。仕事を変える。相手に見切りをつける、「Aを引いてBを選ぶ」を、やってみるのです。

　いつ行動に移すかは、あなた次第です。もし迷うことがあったら、実際に書いた計算式を見ながら、じっくり考えてみてください。

　計算してみましょう

今の生活 　― 　A（引いてみたいもの）　＝ 　B（プラスの価値）

　　　　A例 スマホの時間　　　B例 読書／もっと建設的な時間

　　　　A例 同僚○○との付き合い　B例 ストレスが減る

今の生活 　― 　A（引いてみたいもの）　＝ 　C（マイナスの不利益）

　　　　A例 スマホの時間　　　C例 世間の話題（そんなに必要？）

　　　　A例 同僚○○との付き合い　C例 仕事が滞る可能性

もしBに「楽しそう・やってみたい」という快があり、Cの不利益は「なんとかなりそう」「大したことない」「ほとんど出てこない」なら、答えは出ました。Aを実際に引いてください。

理想の人生は、苦痛なＡが片づいて、楽しいＢだけが残る人生です。

心に三つのプラスを注入する

心を見る。心を洗う。そして、心にプラスの価値を入れ直せば、心のリフォームが完成します。入れ直すとは、「新しい考え方を身に着ける」ということです。

では、心に入れるプラスの価値、つまり新しい考え方とは、どういうものか。次のような考え方・暮らし方のことを言います――。

1、快を大事にする

すでに触れた通り、快を優先させ、不快を避けることが、生き方の基本です。心は必ず動くもの。その反応を前もって選べるとしたら、どちらを選ぶか。真っ先に快を選ぼうということです。

これは、心がけ次第です。「どうせやるなら楽しくやろう」「快があるほうを優先させよう」と最初に考えること。「今からどう時間を過ごすか？」と考えて、「快があるかな、不快になるかな？」と先読みできることです。

注意したいのは、人の心には不快を選ぶ困ったクセがあることです。物騒

な話題や人の悪口に聞き耳を立ててしまう。許せない、けしからんと騒ぎ立てる。しつこく過去を蒸し返して怒ったり落ち込んだりする。心は手っ取り早く反応できる刺激に向かいがちなのです。

　だから放っておくと、ボールが下り坂を転がるように、人生は不快・不幸へと進んでいきます。止めないと、どこまでも転がっていきます。

　心は、車の運転と同じだと思ってください。前方を見て、ハンドルを切る。危ない道は避けて、快適な道を選ぶ。これからやろうとしていることを、少し先回りして予測して、楽しめそうなこと、快が増えそうなことを選びましょう。

ノート
どうすれば快が増える？

　自分にとって快（喜び）があるのは、どんな時間でしょうか。もっと増やせないものでしょうか。今できること（改善策）を考えてみましょう。

例 外で仕事すれば同僚○○と会う時間を減らせる。

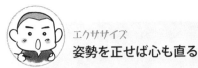

エクササイズ
姿勢を正せば心も直る

　姿勢にも気をつけましょう。背中を丸めて下を向くと、姿勢に同調して心も元気を失います。顔を上げて、背筋を伸ばして、胸を張ります。「大丈夫、なんとかなる」「どうせやるなら楽しくやろう」──それだけで気分は変わるはず。やってみて心境が変わった時のことを、記録しておきましょう。

2. 価値があるかないかを考える

　もう一つ大事なことは、「価値があるかないかを考える」という発想です。

　人は、お金にはこだわるのに、時間の過ごし方は無自覚です。案外ダラダラと平気で時間を過ごしてしまいます。ラクだから、ヒマだから。今やテレビやネット・ＳＮＳが、そんな時間を埋めてくれます。しかし、快があるか、価値があるかといえば、別問題です。

　人生とは、生きている時間の総体です。時間の質を決めるのは、心の状態です。心が快を感じているなら幸せだし、不快を感じているなら、不幸です。価値があると思えるなら、納得できるし、価値がないと思えば不満が残ります。その残る思いを足したものが、後悔であり、怒りです。

　人生とは時間であり、心の状態である。心の状態が、幸か不幸かを決める──これが、ブッダが教える真実です。

　そろそろ〝自分にとって価値あること〟を明確にしていきましょう。楽しい、充実している、お金になる、役に立っている。快がある。納得している。後に残る。次につながる。それが、価値があることです。

ノート
マイナス時間を減らす

　日頃何をしているかを、振り返ってみましょう。仕事、通勤、通学、朝、昼、夜、ふと空いた時間に何をしているか。そのうち"価値のない時間"はどれくらいかを点検しましょう。正直に、「この時間はムダ、価値がない」と思う時間を書き出してみます。

　こうしたマイナスの時間を「なるべく減らす」「価値あることに置き換える」ことが、今後の課題になります。例「通勤途中にまとめサイトを覗いてしまう」「親からグチを聞かされるのが苦痛」「動物の癒やし動画を長時間見てしまう」「やめなきゃダメだ」

3. 優しさを取り戻す

　思い出すべきもう一つが、〝優しさを取り戻す〟ことです。どうせ生きるなら、優しく心地よく生きたいものだと思いませんか。人を責め立て、ジャッジして、腹を立てて、一体何が残るというのでしょうか。

　優しさとは、仏教的には二つの心がけを含みます。ひとつは＜慈しみ＞——相手の幸せを願うこと。みんなが苦しみなく、喜びの多い人生を生きてゆけるようにと願うことです。

　もうひとつは＜悲の心＞——人の悲しみを想うこと、人の心の痛みがわかることです。みんな、いろんな思いを抱えて生きています。そんな人々の苦労や痛みを思いやれるように、人を傷つけない生き方を心がけようとすることも含みます。

　この二つを合わせて＜慈悲＞と呼びます。慈悲の思いに立って向き合う。これが、ブッダが伝えた人と関わる時の基本です。

エクササイズ
まずは幸せを願う

(1) 気になる相手の姿を思い浮かべてみましょう。思い浮かべた相手について、自分が知っている苦労や悲しみを言葉にしてみます。
　「〇〇さんは、こんな苦労を体験してきた」
　「あの時はつらかっただろうな、くやしかっただろうな」

(2) 同じ相手の幸せを願ってみます。「あの人が幸せであるように」「喜び・楽しみが増えますように」「元気でいてくれればそれでいい」と考えてみます。
　目を閉じて、余計な妄想が湧かないように念じてください。
　心の底から相手の幸せを願える自分をめざすことが、慈しみの修行です。

生きとし生けるものが、幸せでありますように——。

スッタニパータ　慈しみの教え　Metta Sutta

当たり前の生き方を取り戻す

　まとめると、①快を大事にする、②価値があるかを考える、③優しさを取り戻す、の三つです。これらを心がけることが、心にプラスを入れ直す（新しい考え方を身に着ける）ことの中味です。〝優しさを取り戻す〟という少し変わった表現を選んだことには、明白な理由があります。今の世の中、優しさという言葉をあまり聞きませんよね。外から聞こえてくるのは、「自分はこう思う、こうあるべき」という自己主張と、「あの人は間違っている、許せない」という容赦ない非難・批判です。

　いわば、言いたい放題、やりたい放題。お金があるとか、頭がいいとか、フォロワー数やチャンネル登録がどれくらいだとか、そんな記号はあふれていますが、人を思いやる声は、あまり聞こえてこない印象があります。

　しかし、**最終的に人生の価値を決めるのは、〝どれだけ幸せを感じているか、人に貢献できたか〟**です。まずは幸せな生き方をめざす。務めを果たす。支える。差し出す。引き受ける。そのことで社会における幸せの総量が増えます。

　こうした価値ある働きと、世間にあふれる言いたい放題、やりたい放題とは、まったく関係ありません。後者は無意味。世のありようがおかしいのです。

　幸せをめざすこと、何をすべきか（価値あることは何か）を考えること。人を思いやれること。余計なことを語らないこと。人を見下したり傷つけたりしないこと。それが当たり前の生き方です。

　世の中を支えていくのは、こうした当たり前の生き方を保って、淡々黙々と自分の役割を果たす普通の人たちです。

　あまりに殺伐とし混乱した世の中です。せめて一人一人が〝当たり前の生き方〟を取り戻す必要があります。このノートを使って、一つずつ答えを出していきましょう。

言葉を集める

〝心の中に何を想うか〟が、そのまま人生を作ります。美しいものを見れば、その時間は美しい人生を生きていることになります。心がクリアなら、その間は爽快な人生です。洗練された言葉で考えている間は、よく整った人生を生きていることになります。どんな心で時間を過ごすかが、人生を作るのです。

良質な時間と対立するのが、ムダな反応です。イラッとしたり、妄想したり。つい衝動に流され、心をコントロールできなくなる。その状態は「時間を失う」ことと同義です。

こうした反応に歯止めをかけるのが、言葉です。言葉があれば、反応を止め、思いを整理することが可能になります。どう受け止めるか、どう考えるか、どう行動するか。衝動に駆られがちな人生に秩序を与えてくれるのは、言葉なのです。

だから、価値ある言葉を書き留めていきましょう。理解を深めてくれる言葉、励ましてくれる言葉、「今度はこうしよう」という対策になる言葉など。その言葉を、しばし目を閉じて繰り返して（念じて）ください。「言ってみる」のです。①ひとつの言葉を三度音読してから、天井を見上げて復唱してみる。②思い出しながら自力で言ってみて、ノートの言葉とてらしあわせて修正する。③どんな言葉を覚えたか、何も見ないで紙に書き出してみるといった練習法があります。

見ないで言えるようになった言葉は、自分の言葉、いわば思考になります。言葉が生きる力になってくれるのです。

技に巧みな人が花を上手に摘み集めるように、善く説かれた真理の言葉を摘み集めよ。

ダンマパダ

ノート
拾い集めた言葉が宝物

　このノートから気に入った言葉を拾って、自分の字で書いていきましょう。各ページのタイトルを並べるだけでも、何を学んだかが一目瞭然になります。

例　・心の状態を見る　　・快を増やそうと心がける　　・千歩禅で心を洗う

*ノートの余白に、外から拾ってきた言葉を書き足していきましょう。本や映画、ドラマ、漫画、さらには自分の日記の一節など、「これを自分の考え方にしていこう」と思える言葉を、書き込んでいくのです。

第2章 生活をリフォームする

　心に続いてリフォームするのは〝生活〟です。生活とは、自分が過ごしているパーソナルな領域のことです。

　生活は四つで作られます。過ごしている**時間・場所・作業**（やること）・**見聞きするもの**（人・情報・学びも含む）です。

　この四つの合計が〝わが人生〟だと思ってください。人生は途方もないもの、見通しがつかず、混乱に満ちたものに思われがちですが、実際はコンパクトなのです。

　快適な人生を生きるカギとなるのは、生活という小さな領域を改善することです。上記の四つそれぞれに、対応できる方法があります。さっそく作戦を立てましょう。

　まず、今の生活をチェックします。思い当たる項目の右端にある○をペンで囲ってください。よく当てはまるものは、二重丸◎、三重丸◎で囲みましょう。

- 最近生活が乱れがち。　　　　　　　　　　　　　　　　　　　　○
- ずっと疲れやストレスが溜まっている気がする。　　　　　　　　○
- なんのために生きているんだろう（報われない・先が見えない）と思うことがある。　　　　　　　　　　　　　　　　　　　　　　　　　　　○
- 関わらなくていい人と関わりすぎている（できれば離れたい）。　○
- まだ過去を引きずっている。　　　　　　　　　　　　　　　　　○
- 小さなことで腹を立てることがある。　　　　　　　　　　　　　○
- 仕事が忙しすぎる。やりたいことがある。不完全燃焼感が消えない。○
- 将来に不安がある。　　　　　　　　　　　　　　　　　　　　　○
- 人間が嫌いだ・面倒くさい。　　　　　　　　　　　　　　　　　○
- 人が何をしているか気になる。他人事ばかり追いかけている気がする。○

ノート

何が足りないのだろう？

他にも今の生活について、物足りないと思うことを書いてみましょう。

例「集中力がない」「仕事を楽しんでいない」「外出が減っている」

「まずはここから」に着手する

悩みに対する正しいアプローチ（解決法）は、〝分ける〟ことです。

先ほど、生活を四つに分けました。今度はそれぞれについて解決策を考えていきます。ブッダは、人間の心を知り尽くしています。そのブッダの発想・考え方を活かせば、よく効く解決策が出てきます。ひとつずつ答えを出していきましょう。

まずは、時間・場所・作業・見聞きするもの、これら四つについて大きな方針をまとめておきます——。

①時間 —— いつ、何をするか、自分が納得のいく＜時間割＞（タイム・テーブル）を作ります。

時間割は、快適な一日を作るゲームだと思ってください。ゴールは「今日はムダなく過ごせた、よい一日だった」と思えること。そのためにどんな時間割で過ごすかを決めていくのです（詳細はこのあとすぐ）。

②場所 ——メインとサブの場所を決めます。メインは自分にとって価値の高い場所。サブはときおり訪れる場所です。

価値が高い場所とは、必要な場所・快が増える場所・放っておけない場所

など。職場、家庭、実家やご近所でしょうか。サブの場所は気分転換や娯楽に使う場所・旅してみたい土地などです。

　場所選びは、ライフスタイル（何に価値を置くか）に関わってきます。まずは価値ある場所とない場所とを分ける。「どちらか悩ましい」場所は、何が悩ましくしているのか（原因）を考えていく。ストレスが溜まる場所は、価値のないムダな場所として減らしていくことになります。最終的に価値があるメインとサブだけで暮らしていくことが理想です。

③作業──手と体を使ってやることをリストアップします。デスクワークも家事も趣味も畑仕事も、一日にやることのすべてについて、「具体的に何をするか」を選び、「どんな心がまえで取り組むか」を考えます。

④見るもの・聞くもの──テレビやインターネット・ＳＮＳなどの話題・情報から映像・音楽まで、五感を通して入ってくる刺激について選別（ふるい分け）します。価値があるものと、ムダなもの（不快が残るもの）に分けていきます。

　では上記の方針に沿って、具体的な作戦を立てていきましょう。

１日の時間割を作る

　まず１日のタイム・テーブルを作ります。使えるのは１日24時間。そこから睡眠時間を引きます。さらに朝・昼・夜の１時間プラス１時間の合計４時間を引きます。この４時間は、心に余裕を持たせるため、何もしなくてＯＫという時間です。**＜ＯＫタイム＞**と名づけましょう。長めに取ってもかまいません。

　すると、１日正味の活動時間が出ます。睡眠時間は人さまざまですが、仮に７時間とすれば、ＯＫタイム４時間とあわせて引けば、13時間が残ります。この13時間を一本の長いバー（棒）だと思ってください。これを三つか四つ、自分の生活に合わせて分割します。これが**＜タイムバー＞**です。

　分けた＜タイムバー＞それぞれに、作業を割り振っていきます。

ノート

＜タイムバー＞で一日を快適に過ごす

ステップ1 **使える時間を確認する**

　1日24時間から＜睡眠時間＞と＜OKタイム＞を引きます。"だいたい（およそ）"でかまいません。

睡眠時間	だいたい	＊寝るのは 　　時頃から 　　時頃まで
	時間	＊多めに見ておく方がよい

＊内三つは自分で決める

OKタイム	だいたい	時から 　　時頃まで
	時間	時から 　　時頃まで
		時から 　　時頃まで

残り時間	だいたい	
多いとき	時間	＊睡眠時間とOKタイムを少なくした場合
少ないとき	時間	＊休日など睡眠時間とOKタイムが多い場合

⇩

　残り時間が＜タイムバー＞の元になります。実質的な活動時間です。意外に少ない（短い）と思うか多い（長い）と思うか。この現状認識がスタート地点になります。

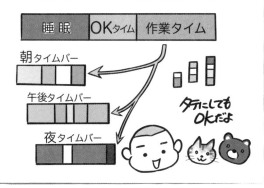

作業ベースで組み立てる

　残り時間 を何本かに分割して＜タイムバー＞を作ります。＜午前＞＜午後＞

＜夜間＞の三つのバーがスタンダード。人によっては二つ、四つ以上もOKです。

タイムバーの作り方

① 作業（なすべきこと）をリストアップします。

　　＊時刻ではなく「なすべきこと」を書いてください。

　　＊所要時間の目安も書き込みます。

　　例（会議）60分／（メール対応）30分／（喫茶店で書類整理）90分

② 作業を＜タイムバー＞に並べます。

　　＜午前のタイムバー＞

☆会議	☆メール対応	書類整理

　9時〜　　　〇時間／〇分　　　〇時間／〇分

　　＊確定した時刻だけ書く。それ以外は作業だけを並べる。

実際に自分だけのタイムバーを作ってみましょう。

＊実際に書き込んでみましょう

＊＜タイムバー＞は、状況に応じて何セットでも作れます。＜平日用＞＜休日用＞＜午前＞＜午後＞＜夜間＞など。曜日別や＜家族デー＞＜出社の日＞＜リモートワークの日＞などに分ける手もあります。

＊コツは"**作業だけを並べる**"ことです。「〇時〇分から〇時〇分まで」と小刻みに決めないようにします。たとえば、出社日の＜午前＞のタイムバーなら、時間帯が決まっている「会議」「打ち合わせ」などを入れたうえで、「顧客対応」「書類作成」「電話連絡」などのアイテムを並べるという具合です。優先度の高いものに★をつけておきます。

＊タイムバーは、好きな色で塗るのもＯＫです。書き込む先も、紙、手帳、黒板やホワイトボードなどさまざまでかまいません。気持ちが上がる色のバーを作ってみてください。

仏教こばなし
時間ではなく作業で考える

　仏教式タイムバーの特徴は、徹底して"作業"（手と体を使った動作）で組み立てる点にあります。分刻みで時間管理する世間の常識と違うところです。

　なぜかといえば、心にとって時間は主観的なもの、つまり時々の心の状態によって変わるからです。楽しい時間はあっという間だし、退屈な時間は長く感じるというのは、みんな体験していますよね。心の時間と客観的時間は、つねにズレているのです。

　だから時間割を細かく決めても、心の時間はその通りには進みません。結果的に真面目な人は「守らなければ」と考えてストレスを感じるし、完璧主義な人は「守れないなら無意味」とあきらめてしまうし、立派な予定を立てて「これはすごいぞ」とソノ気になった人も、計画倒れ、三日坊主で終わってしまうのです。

　最も上手な時間の使い方（タイム・マネジメント）は、心に負荷なく、作業がサクサクスイスイ進むことです。Ｆ１レースと同じで、邪魔されなければ、自然に最高速度に到達します。

　最も負荷がかからず、快調に飛ばす秘訣は、**「時間帯を大ざっぱに決めて、作業ベースで組み立てる」**ことです。その工夫がタイムバーです。ぜひ試してみてください。

スムーズに作業を進める工夫

　タイムバーを作ったら、盛り込んだ作業の一つひとつを、どれだけ邪魔されずに片づけるか、その方法を考えます。スムーズに作業を進めるための工夫です。タイムバーを達成して、ひとつWIN！（やったね！）を手に入れるには、次の作戦で臨みましょう。

1. 早めの時間が勝負

　まず一日の作業は、価値あるものから、早めに片づけることが原則です。一日でいうと朝からの数時間が大事。ここに最も価値あるもの・その日のうちに片づけなければいけないものを持ってくるのです。

　価値あるものを早い時間、特に朝一番に持ってくることには、理由があります。というのは、記憶を整理し、脳内の老廃物を排出して、体力を回復するのが、睡眠時間です。とすれば、朝起きた時が心身ともに最もコンディションがよいはずです。

　だから朝一番に仕事を始める、朝イチでトレーニングをする、学生ならレポートを書く、子供なら書き取りや計算問題を解く。そんな作業で一日を始めることが理想になるのです。

2. 朝食は無理しない

　胃に負担をかけると、血液が消化に回って、アタマが鈍くなります。肉体作業に臨むならしっかり食べる必要があるでしょうが、アタマを使う作業なら、なるべく胃に負担をかけないことがベストです。そこで、

①朝起きた時は、白湯・コーヒー・紅茶を淹れる。最初の作業をサクッと片づける。

②アタマを使う作業にとりかかる時は、胃に負担がかからない形で栄養を補給する（栄養サプリ・ドリンク・スムージー・ナッツなど）。

3. スマホを遠ざける

　心の天敵がスマホです。もともと心は集中することが苦手です。これは、外敵を絶えず警戒しなければいけなかった野生時代の名残です。つい外の世界を気にしてしまう。「何かないか、何かあるかも」と思い続ける……。

　そんな落ち着かない心にとって、スマホは超便利な道具です。コンパクトで、なんでもできて。やっているようで、集中してはいない。有意義に時間を過ごしたい人にとって、スマホは厄介な道具です。

　だから、①スマホを隠す、②外に出る時にはスマホを置いていく、といった工夫が必要です。「スマホを忘れる」ことをめざしてください。

エクササイズ
＜純金タイム＞にチャレンジ

　＜純金タイム＞とは、一本のタイムバーが終わるまで、価値あることに専念して、余計な物事に手を出さないというルールです。しゃべらない。スマホをのぞかない。朝の１時間でも、３時間でも、自分のライフスタイルに合わせて決めましょう。一日の始めがお勧めです。

　たとえば朝７時に起きて、〝５時間の純金タイム〟を決めたら、12時（正午）まで、タイムバーの作業を黙々とやって、その後に休憩（ＯＫタイム）を入れるのです。

　達成した＜純金タイム＞は、自分に勝った証です。金の延べ棒を一本ゲットしたと思ってください。自分へのご褒美として、バー一本につき500円を貯めて、月に一度小さな贅沢をするのも楽しいかもしれません。

作業に取り組む心がまえ3カ条

タイムバーに書き込んだ作業をするにあたっては、次の心がまえを大事にしましょう——

1、一つひとつを淡々とていねいに

快適な時間とは、価値あること（必要なこと・選んだこと）をストレスなくできること。「これをやったら次はこれ、淡々・集中・継続、終わったら少し休んでまた次へ」というステップを無理なく踏めることです。

淡々・集中・継続とは、仏教的生活の軸となる心がまえです。淡々——つまり反応せずニュートラルな気分で。集中——ひとつの物事を注視して。継続——その作業を持続する。この三つを備えた精神状態を〝定〟と表現します。この心がまえで暮らすことを、〝日々是修行〟と呼んでいるのです。

この心がまえを、デスクワークや家事、勉強などすべてに適用します。何をするにせよ、いっときに一つのことをていねいにやるようにします。「頑張るぞ！」とムリするより「淡々と、でも正確に」です。

「あれもこれもやらなきゃ、ああ忙しい」は妄想です。アタマは一つで、手は二つ。ならば、できることは一つだけ。ていねいにやるほうが、結局成果も上がります。

2、自分の心を見張りながら

淡々・集中・継続してやるには、「心を見張る」ことがコツになります。

つまり「今の心の状態はどうかな、散らかってないかな、漏れてないかな」と点検しながら、取り組むのです。

〝漏れ〟とは仏教用語で、外の刺激に反応してしまうことです。つい外の音や人の姿が気になったり、スマホに手が伸びたりというのは、漏れている状態です。「いけない、心が漏れそうだ」「ひとつのことをていねいに」と自分に言い聞かせましょう。

疲れたら、じっと目を閉じて、呼吸する感覚（鼻先かお腹）を感じて過ごしましょう。

3、次につながる・後に残ることを最優先

　時間の使い方としてもう一つ大事なことは、"次につながる・後に残る"ことを優先することです。

　たとえば、働けるうちに働けば、蓄えが残ります。食事を作り置きすれば、手間を省けます。明日の仕事を今日片づけておけば、明日を自由に使えます。こうして次につながる・後に残ることを大事にするのです。

　その一方、"反応だけの時間"は、ただの浪費です。過去を振り返って溜め息をついたり、人を変えよう・わからせようと躍起になったり、ネットやゲームにダラダラ時間を使ったりしても、何も残りません。

　価値ある時間を過ごすことが、このノートの出発点でした。"価値があるか"を問いましょう。事を始める前に「何につながるだろう？　何が残るだろう？」と点検する。「どうせ何も残らない」「心が汚れるだけだ」とわかれば、最初から近づかないことです。スマホも、人も、場所もです。

ノート
価値ある作業をリストアップ

　次につながる、後に残る、自分にとって価値ある作業は何でしょうか。「これが最優先」と思うものをリストアップしてみましょう。

例「明日の食事を作り置き」「朝一時間のマイワーク（勉強・読書）」「休日は子供と遊ぶ」

場所を選ぶ

　時間の次に整理するのは、場所です。メインとサブの場所を決めましょう。メインとなる場所は、必要な場所・大切な場所です。サブは、ときおり訪れる場所・なんらかのプラスの価値がある場所です。

　たいていは、メインの場所は家と職場です。サブは、趣味や娯楽、お気に入りのお店や旅行に行きたい場所、友人の家などでしょうか。リストアップしてみましょう。

　大事なことは、いずれも〝価値がある場所〟で固めるということです。行くことに意味を感じられない、苦痛を覚えるような場所は手放すことです。もし家や職場に苦痛を覚えるというなら、人生の再設計が必要かもしれません。このノートを使って、対策を練ってください（次頁に出てきます）。

　場所選びは、生活をデザインすることだと思ってください。絵画でも衣装でも、好きな色や素材を選ぶはずです。場所も同じです。価値があるかないかで、しっかり取捨選択し、工夫を重ねていくことです。

ノート
価値ある場所をリストアップ！

　あなたにとって価値がある場所（必要・有意義・楽しい・好きな場所）はどこですか？　思いつく限り挙げてみましょう。

メインの場所	サブの場所
例「リビング」「書斎」「仕事場」	例「公園」「ジム」「近所のカフェ」

マイナスの場所を減らしていく

　逆に遠ざけるべき場所が、行くことが苦痛な場所・いる意味が感じられないマイナスの場所です。たとえば、①人間関係が苦痛な職場、②仕事が向いてないと思える場所、③空気が止まっている家庭、④自分らしくいられない実家などが挙げられます。

　こうした場所は、身を引く（離れる）ことが基本ですが、注意が必要です。というのも苦痛の理由が、場所そのものにあるのか、自分のあり方（性格）にあるのかによって、判断が分かれるからです。もし自分の性格が問題だというなら、このノートや他の方法を使って、性格（反応のパターン）を変えていく必要が出てきます。他方、その場所にいる人や雰囲気に問題がある場合は、その場所自体がマイナスなのかもしれません。

　原因は自分か場所か——ここは、引き算で考えましょう。つまり、今の場所から自分の性格を引いたらどうなるか。つまり自分が変わったら、その場所に価値はありそうか。

　自分の性格さえ引けば、案外価値がありそうと思えるなら、すでに紹介した〝心を見て、洗って、新しい考えを入れ直す〟作業（16頁から）を練習してください。その場所が、価値ある場所に変わるかもしれません。

　自分の心をリフォームして、それでも「この場所はやっぱりマイナスだ（価値がない）」とわかったら、その時は、新たな場所に踏み出せばよいのです。

ノート

マイナスの場所から離れてみたら？

(1)「マイナスかもしれない」と思う場所を挙げてください。なぜ離れられないのかを考えましょう。利益が得られる？　執着している？　自分を引き留めている理由を探ってみましょう。

例「夫との家庭が苦痛になってきた。お金の問題さえ解決できれば……」

(2)「この場所から自分が離れたら何が残るか」を考えましょう。プラスとマイナスの両方を考えてください（26頁を参考に）。

例「この家庭から離れたら、元気な私が残る。使えるお金は減る。さてどうするか」

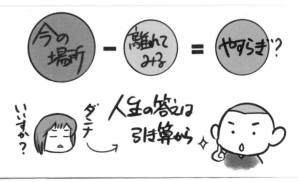

不快なものは見ない、聞かない

生活を作る四つめが、見るもの・聞くもの、つまり体で感じる刺激です。

ただこれは、すでにお伝えした対策で、ほぼ答えが出ます。

①快を感じるものを大事にして、不快になる刺激は避ける。

②価値のある情報だけを手に入れる。

③後に残る・次につながることを優先させる。

この三つで、おのずと答えは出ます。

そもそも不快なものにお付き合いしてしまうのは、心が無刺激・無反応を嫌うからです。退屈だと思ってしまうのです。できれば刺激に触れたい。なんでもいいから反応していたい。その典型例が、スマホです。いったん触れると、延々といじり続ける羽目に陥ります。

この不毛なパターンを止めるには、やはり仏教にいう〝客観的に見る〟知性を発動することです。

「今しようとしていることは、何を残すか、何につながるか？」を、最初に考えるようにしましょう。これが一番学習効果が高い方法です。

誘惑に負けた後は、「つい手が伸びてしまった。心の波に翻弄された。でも、やっぱりムダだった」と、真剣に反省しましょう。自覚こそが薬です。

世の中、便利になったようで、実はそれほど進化していません。ほとんどの話題や情報は、現れては消えていくもの。後に残る、次につながる価値は、多くないものです。

見ざる・聞かざるを貫いて、本当に価値あるものだけで暮らしていく──これこそ、長い人生のある時期（ステージ）に来たら、本気で取りかかりたいテーマです。

ノート
「減らしたいもの」に加えよう

なくていい（価値のない）ものは、今の暮らしの中にどれくらいありますか？
13頁の「減らしたいもの」に追加できるものがあれば書いてください。

生活改善の心がけ6カ条

　時間・場所・作業、そして見るもの・聞くものに気をつける——一言でいえば、価値あるものだけで生活を作っていこうと努力する。それが、今後の生き方です。何をすべきか、次第に見えてきましたよね。

　具体的な生活改善に向けての心がまえを、六つ挙げてみましょう。

1、焦らない

　一つめが「焦らない」ことです。**急がないこと、無理しないこと。「手っ取り早く」「一気に」「なるべく多くのことを」と欲張らないことです。**これは、人生全般に共通する大事な心がけです。

　人の心は、欲に満ちています。求めすぎることは、生まれ持った心の性質です。だから人は、ラクに、早く、なるべく多くのものを手に入れようと考えます。「もっと、もっと」が、心のデフォルト（初期設定）なのです。

　そのままだと、こうなってしまいます——気持ちが落ち着かない。どこか浮足立っている。すぐ調子に乗る。虚勢を張る。ひと前ではカッコつけるが、私生活はだらしない。うまくいかないと、すぐ怒る。何かが足りないといつも不満に思っている。グチる。すねる。やってもムダだと、すぐあきらめる。根気がない。身につかない。効率ばかり気にして、実際は大したことはやっていない。頑張っているつもりだが、コレといった成果が出ない……すべては、欲に振り回された挙句の姿です。「あるある」ではないでしょうか。

　欲に駆られたままでは、ろくなことがありません。薬になるのは、焦らないこと、欲張らないこと。「一つずつ、心を尽くしてていねいに」のほうが、身に着くし、正確に対処できます。はるかに前に進めます。

2、心が乱れたら部屋を掃除する

　案外大事なライフハック（生活の工夫）に〝部屋の掃除〟があります。落ち着かない時、元気が出ない時、生活がマンネリになった時など、「心がいい状態じゃないな」と思った時にやってみることをお勧めします。

　というのも、心は見るものに同調します。散らかった家にいると、心がそれに合わせて乱れます。〝一時的に元気がなくなる ⇒ 部屋を片付けなくなる ⇒ 汚れた部屋を見て心も汚れる ⇒ いっそう元気を失っていく〟というのが、よくあるパターンです。そのままだと「部屋と心が汚し合う」という悪循環におちいります。

　そこで、どこかでエイヤ！と、部屋の片付けを始めてみることが効くのです。

　自分で部屋を掃除する時は、焦らないこと、欲張らないことです。「掃除は時間をかけてやるもの」と思って、小さく始めます。「机の上だけ」「今日は水回りだけ」と小さく区切って「やってみる」のです。片づけて気持ちが晴れたら、次の区画を片付けていきましょう。一人が無理なら、身内や友人に手伝ってもらうか、いっそプロの片づけ業者にやってもらう手もあります。

　やってみると、効果てきめんです。心まで清々しく洗われた気分になれるのです。

いっときに
ひとつ
よくばらず
ていねいに

仏教こばなし
頑張らなくていいんだよ

　人はつい頑張ってしまうものです。どうせやるなら、しっかりやりたい。やってあげたい。手を抜くと何を言われるかわからない。見えない何かに追い立てられているかのように、つい頑張ってしまうのです。

　だからこそ、正しい理解を覚えておいてください。人はみな、自分が思う（妄想する）ほど、器用ではありません。使えるのは、この小さな体。使える時間も、すでに確認した通り、限りがあります。

　限られた時間と場所の中で、できる範囲で作業するしかない。それが生活です。淡々とていねいに。焦らない。欲張らないことです。

　注意したいのは、そんな等身大の自分を越えた「せねば」という妄想を背負ってしまうこと。責任感、真面目さ、プレッシャー、見栄、立場、妻として親としてという過剰な役割意識など。こうした妄想を背負うと苦しくなります。

　本来は他の人がやるべきことを、いつの間にか一人で背負っていることもありますよね。周りがグズグズしているから、ついやってしまう。その姿を見て周りは余計に動かなくなるという悪循環が生じます。

　生活は、あくまで①自分が過ごせる時間と②体を使ってできる作業の合計です。それ以上は無理。家族も含め、人のことは人に任せる。やらないなら放っておく。自分のメインの時間と場所ぐらいは、守り抜いてください。

　生きる限り、生活は続きます。年齢や立場に関係なく、快適に過ごせる場所と時間を増やしていく。これこそが、ここから追い求めるべき人生のテーマです。工夫を重ねていきましょう。

ノート
もっとラクになる練習

(1) なぜラクになれないのでしょうか。理由を考えてみましょう。自分のクセなの
か、周りの人（家族のあり方など）が理由か。冷静に考えてみましょう。

例「先回りしてやってしまうクセがある」「完璧主義（安心するのが下手）」

(2) ラクになるために何ができるか、具体的な対策をまとめましょう。今後無理
しないように努めること、なるべく人にやってもらうことを書いてください。

私は、

　　　　　　　　　　　　　　については、無理しないようにします。

私は、

　　　　　　　　　については、人に任せる（やってもらう）ように努めます。

3、ほんの少し健康に気をつかう

エクササイズ
自分流・健康づくり

体については、年齢・体質・病気など、コンディションは人さまざまですが、なるべく健康に良いことを心がけたいものです。「ちょっと頑張ればできそう」と思える健康づくりのアイデアを、書いてみましょう。まずは次の中から「やってみたいもの」にチェックを入れてください。

一日〇〇歩ウォーキングする-- □

週に〇回ジムに通う-- □

〇週間に一度自転車で遠出する-- □

寝る前にストレッチ・運動をする-- □

週に一度健康ランドやサウナに行く-- □

建物は必ず階段を使う-- □

〇〇を食べるようにする-- □

月に一度はお気に入りの店で食事する---------------------------------- □

ビタミン・栄養ドリンクを摂取する-- □

*他にも、自分だけの健康づくりについてアイデアを書き出しましょう。

◎
◎
◎
◎
◎

4、一日の終わりはOKタイムでリラックス

朝から価値あることを優先的に片付けて、なるべくストレスなく、淡々とていねいに、を心がける。時間と場所と見るもの聞くものを整理する。こ

うして次第に生活を整えていきます。"価値あるもので一日を組み立てる"ことを、今後の習慣にしてしまいましょう。

そして一日の終わりはリラックス——夜を価値ある時間として過ごしましょう。しかも丸ごとOKタイムにしてしまいます。たとえば、

■一日最後の食事は好きなものをたっぷりと

食生活は人さまざまですが、"一日の前半は胃に負担がかからないものを"が原則です。クリアな心で快調に飛ばすことが最重要だからです。自分にとって最適な分量を研究してみましょう。仕事が終わるまで一食半（昼食プラス栄養ドリンク）でもよいのです。

一日の前半をセーブするなら、**一日の最後は、好きなものをたっぷり食べる**ことも許されます。ちなみに「一日一食」は、実はブッダが世界で最初に設定したルールです。今の時代も「一日一食が健康にいい」という人は大勢います。

胃と体を休めるため、最後の食事から16時間は何も食べないことを習慣にしている人も、最近は増えているといいます。

この両方を実践するなら、たとえば夜8時にたっぷり食べて、翌日は正午に軽食またはドリンクを摂るという生活になります。「一日一食半」が、最終的な正解になるのかもしれません。

エクササイズ
食生活を改善する

ふだんの食事ルーティンを書いてみましょう。そのままで行くのもよし。もし改善するなら、新しい食事の時間割を作ってみましょう。

例「仕事がある日は朝は軽めに」「ランチは炭水化物メインでエネルギー補給」

② リラックスして有意義な時間を過ごす

　夜は楽しい時間を過ごしましょう。好きなドラマや映画を見るもよし。家族や友人と団欒するもよし。本の続きを読むもよし。軽く運動する。晩酌する。ぬるま湯に浸かる。丸ごとOKタイムにしてしまいましょう。

エクササイズ
楽しさで一日を締めくくる

一日の終わり（夜間）の過ごし方を、改めて整理してみましょう。
例「灯りを落としてアロマを焚いて、ぬるま湯に浸かる」「就寝前に本を読む」

5、ムダな思いはいさぎよく忘れる

　一日最後のもうひとつ大事なことが、"心の汚れをリセットする"ことです。体が汗をかくように、心も一日過ごせば汚れます。その日体験したことは"流すか、明日に活かすか"です。「明日に持ち越す価値があるか」でふるい分けましょう。

　持ち越す価値がないものは、妄想として丸ごと流せばいいのです。忘れること。千歩禅をやったり、呼吸を感じたり、シャワーを浴びたり、お風呂に浸かったりして、一日の妄想ゴミを洗い流しましょう。晩酌でちょっといい気分になるのも、楽しいかもしれません。

　忘れていいことは、忘れていいのです。これは、いくら強調しても強調し足りません。というのも、多くの人が不快な過去をしつこく思い出して、ずっと妄想しています。妄想が妄想を呼び、眠れなくなり、翌日また新たな妄想を抱えて、どんどん"妄想太り"になっていくのです。

快適に暮らすには、とにかく心を洗うこと、流すこと、忘れることです。忘れるが勝ち。練習を重ねると、「忘れよう ⇒ 感覚 ⇒ 忘れた」が一瞬でできるようになります。

6、明日に活かすは方法と楽観

眠りに就く時に考えるとしたら、「明日は何をしようか」ということだけです。明日の段取りを考えるとか、週末の予定を考えるとか。タイムバーをアタマの中で組み立てるのもいいかもしれません。もっとも「寝落ちするまでの暇つぶし」程度です。眠りに落ちるまでが、丸ごとＯＫタイムです。気楽に過ごしましょう。

よく悩んで眠れなくなる人がいますが、悩みとは、「どう考えればいいか」に答えが見つかるまでのプロセスです。どのように考えて、どんな言葉・行動に出るかを〝言葉にする〟ことで解決します。

横になった状態では、言葉でまとめるのは難しいものです。寝ながら悔むことには、あまり価値がありません。

眠っている間にできることは〝流す〟こと。「明日どうするか」は、明日また考えましょう。

どんな悩みも、必ず解決できます。ただ今は答え探しの途中です。夜は焦らず、「そのうち方法が見えてくるだろう」と思って、一日最後のＯＫタイム、つまり眠りにつきましょう。

書くとなぜ人生が変わるのか？

　言葉は力となり、必ず生活を、やがて人生を変えていきます。なぜ書くことに価値があるのか、いくつか理由を整理してみましょう。

　第一に、**書く作業に集中することで、心が洗われます。**雑念が吹き払われて無心になれる。落ち着くことで快を感じる。お寺でやる写経は、その効果を狙ったものです。

　第二に、**アタマの中を整理できます。**そもそも心は脆弱で、すぐ反応して妄想に流れます。こうしたつかみどころのないアタマに"秩序"を与えるのが、書くという作業です。書けば整理できる。記憶に残りやすくなる。書いたものを前提に"次"を考えることが可能になる。ただ眺めているだけと、手を使って書くことは、インプットでもアウトプットでも、格段に異なるのです。

　だからどんなに頭脳明晰な数学者でさえ、紙とペンは必需品です。雑念にまみれた普通の人ならなおさらです。考えるなら、書くことを基本とすべきなのです。

　第三に、**書けば形が残ります。**充実、達成、頑張った、いい時間だったという納得をもたらしてくれます。

　第四に、**書いた言葉は自分の思考になっていきます。**試しに、良質な本の文章を"一度音読"した後、見ないで言ってみてください。雑念なく発した言葉なら、もはや自分の言葉に、つまり自分の思考のように感じるはずです。もともと子供は、聞いた言葉を使って思考を育てます。大人も同じことをすればよいのです。

　つまり、書くことで心は洗われ、整理され、次につながり、思考に（妄想ではなく）秩序が生まれるのです。これほど強力な方法を試さない手はありません。

幸せルーティンを作る

　ここまで整理した〝価値がある作業〟（これをやると楽しい）リストを、ルーティン（生活習慣）にしていきます。「朝起きた時は、これをやる」とか「落ち込んだ時は○○する」といったマイルールを作ってみましょう。

例「連休前にサウナに行く」「企画が通ったら外食する」「ダイエットのために週1カラオケに行く」「月に一度はベストセラーを買って読む」

＊一年ごと・季節ごとのルーティンを作ることもできます。「○月はこれをやる」「夏が来たらここに行く」といった予定です。

＊予定とは、「この通りにやらなければ」という杓子定規なものではなく、「これをやってみたいな」と想像して元気を取り戻すためのものです。幸せになれそうなルーティンを、今後も作っていきましょう。

第3章 人間関係を整理する

　心と生活に続いて整理したいのは、人間関係です。「そうそう（待ってました）」と深く頷いている人もいるはずです。たしかに人間関係は悩ましいもの。かといって、独りで生きるのも難しそうです。ただこれも、解決の方法があります。仏教式・大事な心がけを確認していきましょう。

今起きていることを図解する

　人間関係をめぐる悩みは、自分と相手に分けるところから整理していきます。左に相手がいる。右に自分がいる。相手には「言ったこと・してきたこと」という事実がある。こちらの自分には、「こんな反応をした」という事実がある。最初にすべきは、事実確認です。

例

相手
義父が「あんたは家事が下手だな」とせせら笑ってきた。

自分
「すみません」と言ってしまった。義母にも夫にも言えなかった。「この家に味方はいないと思ってしまった。

相手が何を言ってきたか・してきたか
（こんなことを言われた・された）

自分はどう反応したか
（こう感じた・こんなことを考えた）

まず、相手が作り出した〝事実〟（言葉とふるまい）と、自分の〝反応〟に分けて書いていきます。

このノートが足りなければ、ルーズリーフや紙に、思い出せるだけ書いてください。思い余っていくらでも出てくるかもしれません。それでOKです。

相手側の事実を書いているつもりが、いつの間にか「ムカつく」「あいつ、いつも上から目線」「虚栄心のカタマリ」「失礼なやつ」みたいな、事実か、自分の過剰反応か、よくわからない言葉が出てきます。それはそれでOK。出てきた言葉をよく吟味して、さらに＜相手側の事実＞と＜自分側の反応＞に分けていくことになります。

この「分けて書く」作業が、相手を冷静に〝反応せずに理解する〟プロセスになるのです。

ノート
人と自分を二つの円で分ける
実際に分けて書いてみましょう。

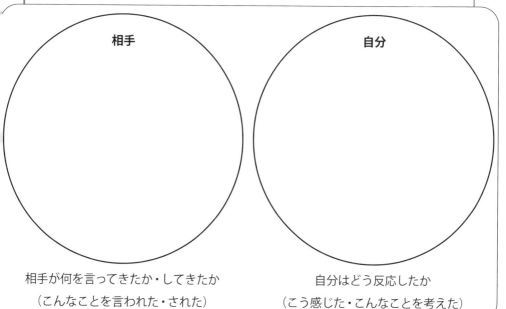

相手	自分
相手が何を言ってきたか・してきたか （こんなことを言われた・された）	自分はどう反応したか （こう感じた・こんなことを考えた）

自分が消えてみる

　相手との関係で今起きていること（事実と反応）を、二つの円に分けて書いたでしょうか。では、次の作業です。

　相手を表す円と、自分を表す円の間に、一本の太い線を引いてください。次に「反応している自分」を、紙で覆います。真ん中の線を山折りにして、自分の側の円を隠しても OK です。

　目の前の事実のなかに、自分はいません。「もう、いない」と思ってください。そのうえで、左側に残った「相手の姿」だけを眺めます。実際に背筋を正して、あるいはノートを遠ざけてください。「遠いな～、誰かいるな～」くらいに遠いつもりで眺めます。

　目の前にある事実の中に、こちら側（自分）はいません。その人だけ、小さな円だけです。となると、どんな感想が出てくるでしょうか。

「この人がどんな人であれ、この人の自由」

「この人は、こういう人生を生きている。ただそれだけ」

「この人がどんな人であれ、なぜそれが問題なのだろう？」

　そう思えてきたら正解です。なぜなら自分はいないのです。相手がいるだけ。こちらが出会う前も、その人はいたし、自分が消えた後も、その人はい続けます。その人がいる。その人が何かを思い、言葉を発し、何かをしている。その事実があるだけです。

　自分はいない。自分はそもそも関係がない。相手のあり方は、相手のもの。それが、正しい理解です。

相手を消してみる

　今度は、相手を消してみましょう。相手側の円を紙で覆うか、紙を山折りにして相手を裏側に隠してしまいます。すると、自分側の円が残ります。

　すでに書き込んだ、さまざまな思いや感情がありますね。まるごと自分

の側の反応です。その反応の数々をじっと眺めてください。なるべく遠くに置いて——するとこんな感想が湧いてこないでしょうか。

「こんなことを（かつての自分は）感じていたんだ（そうですか、なるほどね、ふんふん）」
　でも、もはや相手はいないのです。自分の反応があるだけ。するとこう思えてこないでしょうか。
「この人、何に怒っているのだろう？」
「この円、何に反応しているのだろう？」

　見れば見るほど、それまであった自分の反応が、ただの事実であり、ただの言葉に見えてきます。円の中にあるのは、先ほどまでは〝自分の生々しい反応〟でした。相手への怒りであり裁きであり、さまざまな感情や言葉でした。ところが、相手が消えた。自分の反応だけが残った。
　こうして書いてみると、自分自身というより、ただの円。書き残しただけの言葉です。「なるほどね、ふんふん」という程度の言葉です。

残った反応の残り滓を、どうするか。それだけが問いになります。再び相手を思い出し、みずから反応して近づいて、再び悩みに戻ることも可能です。しかしブッダの覚めた眼で見れば、かつて生々しく暴れていた反応は、今やただの事実（ノートに書いた言葉）でしかありません。

　忘れること、悩みが消えるというのは、こうして書き出した自分の反応を、自分の外に出してしまうことです。書いた紙をくしゃくしゃ丸めてポイして終わり、ということなのです。

仏教こばなし
人間関係は"消して"考える

　今やった作業（ワーク）は、人間関係を整理する究極の技です。そもそも相手と自分は、別の人生を生きている、まったく別の存在です。自分がいなくても、相手は生きているし、相手がいなくても、自分は生きている。それが当たり前なのです。

　それくらい事実だけを見るように心がけるのです。ほとんどの人は、相手に反応し執着して、いつの間にか自分と相手がごちゃまぜになっています。相手が言うこと・やることに、いちいち炎（反応）を上げている。精神的にべったりと癒着し、依存し、執着し、追いかけ回し、かつ振り回されている。

　これは、親子、夫婦、恋愛中の男女、上司と部下など、すべての関係に共通しています。そういう"くっつき過ぎた関係"を人間関係と呼んでいるのです。

　ブッダは事実だけを見ます。人と自分は別。人というより生き物。ただの心。ただの反応。相手は変わりゆくし、明日はいないかもしれない。離れた途端に、その人はただの過去に、つまり自分に残る妄想でしかなくなる。

　自分も同じ。自分も変わるし、明日はいないかもしれない。消えてしまえば、何も残らない。

　人間とは、そういうものです。人も自分も簡単に消えます。消えることを前提に眺めてみればいいのです。

自分の思いを確認する

　とはいえ、人間関係の渦中にある人は、なかなかブッダのように割り切れ
ないものです。そこでもう少し、人間関係に役立つスキルを紹介しておきま
しょう。

　ひとつは、**自分が反応している〝原因〟を知る**というスキルです。すでに
やったラベリングの応用です。反応する（してしまう）ことには、いくつかの
理由が隠れています。

①相手に期待を向けている。「こうなってほしい」という願望を持っている。

②相手との関わりになんらかの快（利益）がある。

③自分の中に〝慢〟（相手は自分の思い通りに動くもの・動くのが当然という
　思い上がり）がある。

④もともと満たされない思いが自分の中にある。

⑤自分の側に〝業〟（容易に変えられない心のクセ・反応のパターン）がある。

　順に解説しましょう——。

　①相手への期待 ……「こうあってほしい」という願望です。「都合のいい妄
想」ともいいます。相手に優しくしてほしいとか、こんな声かけをしてほし
いとか。その期待に合わない現実に、「あれ？」と反応し、ムッとします。

　いわゆるクレーマーと呼ばれる人は、期待を過剰かつ一方的に向けてくる
人です。「どういうことだ、許せない」というのは、「自分の期待（都合のい
い妄想）に反しているから許さない」ということです。冷静に考えると、ず
いぶん虫のいい反応ですが、みんな似たようなことをしています。

　②快・利益がある ……これは、相手からなんらかの満足・利益を得よう
という心理です。お金を得ようという実利目的もあるし、評価・注目・賞賛を
得ようという心理的利益も含まれます。自分の利益がかかっているから、人
に反応してしまうのです。

　③慢（思い上がり） ……自分の思い・考えが通って当然だという思い。これ
も「都合のいい妄想」です。

人間は承認欲の塊みたいなところがあります。人に称賛・尊敬されて承認欲を満たす。人を見下して自分がエライ・正しい・優れていると思うことで、承認欲を満たす。人を批判・攻撃して、自分が上だ・勝ったと思って承認欲を満たす——結局は、人をエサにした自己満足です。

　これがあると、相手をコントロールしようとして、逆にムキになったり不安になったりと、相手に振り回されるようになります。

④満たされない思い……心が完全に満たされるのは、難しいものです。親に十分愛されて、世間に受け入れてもらって、十分な成功にたどり着ければ、満たされるかもしれません。

　しかし現実には、それほど恵まれた人は、多くありません。また、心には〝貪欲〟が潜んでいるので、いくら手にしても、なお満たされないということが、普通に起こります。

　こうした人の心には、淋しさや怒りが育ちやすく、しかもその空疎な感情が長く続きます。満たされない理由を自覚して、手放して、新しい生き方を学んでいく必要があります。

⑤業（心のクセ）……上記①から④に加えて、人それぞれに変えられない性格があります。怒りっぽいとか、自己否定グセが強いとか、気難しい、傲慢、他人が恐いといった心のクセです。これを仏教の世界では〝業〟と呼んでいます。

「人の性格は変えられないものだ」とよく言いますが、変えることは可能です。ただし、**自分の性格を深く自覚し、反省して、悪いクセ（業）が出てくるたびに、「また出た」と気づいて自分を戒め、「この性格を入れ替えていこう」と思い直す努力を、時間をかけて続ける必要があります。**

　このノートに紹介した心を整える方法は、業を克服する方法として、そのまま使えます。心を見て、ラベリングして、洗い流して、新しい生き方を身に着けていく。そのステップをゆっくり踏み進めていきましょう。

なぜ反応してしまうのか？

①から⑤のうち、自分に当てはまりそうなものに○（または色）をつけてください。そして気づいたことを書いておきましょう。

例 相手に認めてほしいという期待がある。だから笑われてショックだったのか。

①相手への期待 　　　②快・利益がある 　　　③慢（思い上がり）

④満たされない思い 　　⑤業（心のクセ）

気づいて止める

　人間関係については、とにかく自分の側の反応を止めることが、最初に来ます。第一の鍵は**分けて引くこと**。二つの円を書いて、事実と反応を書き込んで、最後は二つに分けて、消してしまうことです。

　それでも止まらない時は、第二の鍵を——つまり、**自分が反応している本当の原因をさかのぼること**です。先ほどの①から⑤を点検してみます。

「これは、相手への期待だ。期待があるから反応しているんだ」

「自分に利益があるから、相手を追いかけているんだ。でも自分のために利用していい相手なんか、世の中にはいないはずだよな」

「この満たされなさは、いつ始まったものだろう？　あの人（親）が原因か？抱え続けても意味がないのに。過去を吹っ切って、新しく生きてみるほかないのに」

「これは、自分の慢なんだな。いつの間にか、都合のいい妄想を相手に押しつけていいと思っていた」

「これが自分の業か。強く、激しく、しつこい業だ。この業を克服することにもっと真剣にならなければ」

　そんなふうに事あるごとに思い直し続けて、少しずつ自分のクセ（反応のパターン）を入れ替えていくのです。

心を観るって大事だよ

相手の思いを見極める

　人間関係は、自分の心と相手の心との相互作用（反応の交わし合い）に
よって成り立っています。だから、自分の側で工夫することにあわせて、相
手の心についても正確に見る（理解する）必要が出てきます。

　相手の心についても、先ほどの五つは、そのまま当てはまります。期待、
利益、満たされなさ、慢、そして業（心のクセ）です。こうした思いが、相
手の心の奥にあります。その思いにもとづいて反応し、言葉をぶつけてく
るのです。

　こうした思いを〝理解して反応しない〟ことが基本です。反応しても相手
は変わらないからです。反応するのではなく「こういう人とどう関わるのが
正解か」を考えるのです。

ノート
まずは言葉を味方につけよう

(1) 次の言葉から、自分に〝刺さる〟（自分の言葉になってくれそうな）ものを、マ
　ル（○ ⊙ ◎）で囲ってください。

あの人は私ではない。だから気にしない。 ——————————— ○

その人がいいと言うなら、その人にとっては、それが正解。 ——— ○

気になるなら、見なければいい。 ——————————————— ○

人は人。自分は自分。自分のことだけ考えよう。 ——————— ○

自分の人生は自分のもの。他人に反応するためのものじゃない。 —— ○

人のことで悩んでいる時間が、もったいない。私は私の人生を生きよう。 — ○

(2) 悩んでいた相手について、〝円で分ける〟ワークをしたうえで、現時点でのベ
　ストの言葉を書いておきましょう。

例 義父がせせら笑ってきたら、「そうなんですよ」と笑ってかわそう。

どう関わるかに答えを出す

　もちろん、こうした心がけだけでは片づかない場合もあります。相手側の要求が過剰にして一方的。何をしても文句ばかり返ってくる。いつの間にか相手のご機嫌をうかがうだけになっている。都合よく利用されるだけになっている。関わることが重たい、しんどい、もう限界——。

　そう思えた時は、〝関わりそのものを検討する〟時期です。次の手順を踏んでください。

1、自分が間違っていないことを確認する

　もっとも、関わるかどうかを選択するうえで、必ず考慮すべき要素があります。これを欠くと、ただの独断（相手が悪い、自分が正しい）になってしまいます。うかつだったと後で気づいて後悔することもあります。

　そこで、次の五つをまず自分の側で心がけるようにしましょう。

①まずは受け止めようと心がける……相手の反応にこちらも反応し返す必要はありません。いったん冷静に受け止めます（受け止めようと努力します）。

②相手が何を求めているかを見る……相手の言葉やふるまいを通して、相手が何を求めているのか、その根底にある思いは何なのかを自分なりに考えます。わかってほしいのか、期待があるのか、利益を求めているのか、プライドが高いのか、満たされなさがあるのかなどを見ます。

③相手の苦しみを見る……ここからが仏教的な心がけです。相手も苦しんでいる、何かが理由で怒りを感じている、悲しんでいる——そのことを（相手の表面的な姿やこちらの感情とは別に）理解するのです。これを〝悲の心〟と呼びます。「かわいそうかな」と思えてくることも出てきます。

④相手の幸せを願う…… 関わるか否かを問わず、相手の人生も続きます。相手も幸せに生きていくことが、理想です。だから「あなた・あの人が幸せであるように」という思いを向けます。自分が関わらないことを選んだとしてもです。これを〝慈しみ〟と表現します。

⑤自分に何ができるかに答えを出す……そのうえで、自分に何ができるかを考えます。相手に応えたいと思うか、応える価値があるか。相手と関わり続けた先に何が残るのか。関わることに価値があるか。自分で答えを出します。

相手の幸せを願い、相手の思い（苦しみ）もちゃんと見る——これができて初めて、間違いのない答えを出すことが可能になります。

こうして、相手の言葉やふるまい、性格、価値観、求めているものを受け止める。関わっても快（喜び）がない・価値がない・苦痛が残る場合に「私は関わりません」と最終的に伝えることが可能になるのです。

ノート
今こそ答えを出そう

今悩んでいる・気になっている相手との関係を振り返りましょう。

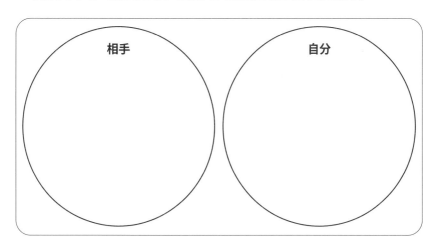

相手　　　　　　　　自分

⑴ここまでの状況を整理します。"二つの円に分ける"ワークを使って、左側の円に時系列に沿って最初から相手との関係で起きたことを書いてみます。

⑵右側の円に、今の自分の感情・気持ちを（整理できなくてよいので）素直に書いてみます。

(3) 次の〝仏教式関わり方〟（①から⑤）を相手に向けてみます。

①まずは受け止めようと心がける

②相手が何を求めているかを見る

③相手の苦しみを見る

④相手の幸せを願う

⑤自分に何ができるかに答えを出す

(4) そのうえで今の時点での関わり方に答えを出してみましょう。

例 義父はコンプレックスの塊で、他にやることがないから冷やかしに来る。でも子供が喜んでくれているのだから、真に受けなくていい。子供と夫と私のために生きる！

2、腹を立てないように工夫する

　人と関わっても腹を立てないためには、コツがあります。先ほどの五つの心がけに加えて、腹が立たなくなる工夫を紹介しましょう。自分に言い聞かせる薬やおまじないだと思って、試してみてください。

■ 相手を「人さま」と呼んでみる

　自分以外の人のことは「人さま」と呼んでみます。人に敬意を保ち、謙虚でいるための工夫です。

　人は他人を見下し、裁き、攻撃することが大好きです。それだけ不満が溜まっているのか、人を否定することで自分の慢（承認欲から来る心の病気）を満たしているのか。でもそんなことをしていたら、怒りも傲慢も増長する一方です。本人が気づかないだけで、多くの可能性が失われていきます（人とのつながり・優しさ・聡明さ・穏やかさなど）。

　そもそも「人さま」と自分は、別の人間です。誰も否定されることなど求めていません。他人を否定すること自体が、おこがましいのです。

　こうした愚かさを自ら戒めて、身を小さく保つことで、自分の善き（価値ある）部分を守ることも可能になります。

■ 「みんな、いろんな苦労を抱えて生きている」

　自分だけでなく、多くの人がそれぞれに悩み、苦しみ、落ち込んだり、傷ついたりして生きています。その事実をつい忘れてしまうのは、自分に見えるのは自分の苦しみだけだからです。

　少し俯瞰して（遠くから）眺めてみれば、すべての人は、今もどこかでささやかに暮らして、日々いろんな思いを抱えながら生きています。人の数だけ人生があります。つまり人の数だけ、さまざまな苦労があるということです。その事実を思い出せる自分をめざしたいものです。

③「お互いさま」と心得る

　人は未熟で不完全な生き物です。自分も例外ではありません。他人に腹を立てるほど自分は完全な生き物かといえば、それは明らかに違うはずです。

　自分の目に自分の姿は見えません。他人ばかりが見えてしまいます。必然的に自分の都合や欲だけで人と向き合いがちになります。他人に厳しく、自分に甘い。自分はいいけど、相手は許せない。「なってない」（間違っている）と思ってしまうものなのです。

　しかし、相手が「なってない」なら、自分も相手から見れば「なってない」のです。これまで自分は一体どれほどのことをしてきたのでしょう。今もできないことはたくさんあるし、うっかりミスもしてしまいます。気づかぬうちに迷惑をかけたり、人に助けてもらっていたりということは、普通にあります。〝生きていられている〟という現実そのものが、自分が揃えたわけでなく、他の人の働きによって作られたものです。

　一人では何もできなくても、人が集まって社会を作れば、不思議と回っていきます。「おかげさま」であり「お互いさま」なのです。

　与えることもお互いさまだし、間違うこともお互いさまです。それがわかることが、人がまともである所以（根拠）であって、「自分に甘く他人に厳しい」姿こそが、とんでもなく幼い勘違いなのです。

この人も私と同じ思いを持ち、
私もあの人たちと同じような思いを抱えて生きている。
そう考えて、自分自身の心にてらして、
他の命を否定してはならない。

スッタニパータ　アシタ聖者の甥への言葉

3、最後は割り切る

慢で凝り固まった人は、たしかに世の中に大勢います。職場にも、お店にも、家の中にさえも……「でもすぐには別れられません」「苦痛ですが、すぐ転職できません」という人も多いはずです。〝当面関わらざるを得ない慢の人〞に、どう向き合えばいいのか。いくつか対策をまとめておきましょう。

1 エラそうな人は〝かわして上げる〞

どうしても関わらざるを得ない慢の人には、いっそ発想を逆転する手もあります。つまり〝相手を立てる〞（立ててあげる）のです。

もしエラそうにしたい人がいるなら、「エラいですね」と褒めてあげます。バカにしているのではなく、そんな相手にもリスペクトを向けるということです。よく「ナメられたくない」「軽く見られたくない」という人がいますが、対抗策は「自分にできることをやる」ことだけです。

相手の慢は、しょせんその人の妄想です。実害がないなら、ほうっておいてあげてよいのかもしれません。

2 「得るものを得るためだ」と割り切る

もし自分の側にも利益があるなら、いさぎよく利益を優先させてください。収入？　お金？　キャリア？　世間体？――苦痛と引き換えに得ているものを確認してください。そして受け入れることです。「○○を得るために関わっているのだ」と。

その関係は、打算計算、損得勘定、駆け引きかもしれません。しかしその利益が必要だというなら、間違いではありません。「くやしい、負ける気がする」というのは、自分の側の慢で反応しているからであって、「利益を得る」ことは、まったく別の話です。相手も得ている。自分も得ている。合理的な関係です。割り切ることです。

3 期限を決める

　ただし、苦痛は苦痛です。そのまま関係を続けても、苦痛が癒える可能性は少ないかもしれません。だから例の"引き算"をします（27頁）。今が苦痛。相手との関係・今いる場所を引いてみる。何が変わるか（プラスは）？

　同じものを引いてみる。残るマイナスは？　他の場所・他の暮らしでは得られないものか。不安は妄想、相手への意地はただの慢。考える価値ナシ。

　立場・収入・生活を失うことが恐いと思うのは自然です。ただし、新しいものも入ってきます。その場所・その相手に留まっている理由は、「今後の自分の頑張り次第」で補える可能性も高いのです。

　だから、時間をかけて準備をしていくことになります。家を出る、転職する、自立するための準備を始める。そのための時間を今もらっているのだと考えるのです。

「準備が整うまで」と期限を決めましょう。「やがて離れるのだ」と思うこと。そう思えた時点で、相手は少し"過去の人"になります。「いつか離れるんだな」と思いつつ、期限が来るまで関わってあげることにしましょう。

4 話をする

　もうひとつ、大事なことがあります。ストレートに伝えようと考えてみることです。相手の言葉や性格や行動のどこが苦痛か、つらいか、嫌いかを、はっきり伝えることです。これが最も重要なことかもしれません。

「そんなことできません」「言えば逆上して何されるかわかりません」「話して通じる相手ではありません」と訴える人もいます。たしかにその通り。相手は傲慢にして一方的な"無理解の壁"みたいな人間かもしれません。

　しかし伝えようという発想に立たなければ、相手を見極めることができなくなります。こちらの勘違い・思い込みという可能性も、ゼロにはなりません。こちらが本気で泣いて訴えれば、あるいはマジギレしてみせれば、多少は相手も驚いて、自分のあり方を見つめ始めるかもしれません。

　相手が理解する（わかってくれる）可能性が残されているかもしれないの

です。その可能性があるか、どの程度あるかを確かめる。そのためには〝話をする〟という発想を持つ必要があるのです。

　話をしてもしょうがない——通じない。話す価値がない——とわかったら、その関係はほどほどにして、自分の人生を生きましょう。

「自分とこの人は相性が悪い」と考えてください。そして反応しない練習を重ねること。もちろん離れることも正解です。

　身もフタもなく真実だけを見る仏教では、「関わらなくてはいけない関係など存在しない」と考えます。それぞれ別の生き物であり、別の人生を生きています。もし別の場所で生きていけるなら、苦痛に耐えてまで関わり続ける意味はない。人は人の人生を生き、自分は自分の人生を生きていく。それが当たり前ではないですか、ということになります。

第4章 性格を少し直す

　人間関係を作るのは、相手と自分です。自分の性格・価値観・生き方が、相手との関係を左右します。だからこちらで改善できる部分は改善していきましょう。そのほうが、ストレスが減って自分自身にプラスです。

　性格を変える前提に来るのが、すでにお伝えした通り、心を見て、洗って、入れ直すこと（16頁）。この心のリフォームを性格に適用すると──「こんな性格になろう」と思い立って、実際にどう心を使えば、そんな性格に近づけるのかを、なるべくリアルに言語化すること。実際にやってみましょうか。

穏やかな性格を作りたい

　怒る人は、人に嫌われるし、本人も居心地悪いものです。怒りは端的に損なのです。ならば、どうすれば穏やかになれるのか。〝怒りをカウントダウンする〟というスキルがあります。

エクササイズ
怒りのカウントダウン

ステップ1　**自分が感じた怒りを0から100の間に割り振る。**

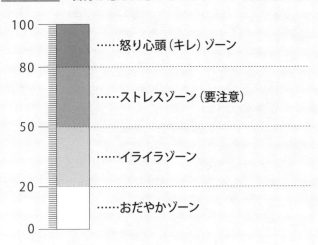

今の怒りを数値化する。

「今感じている怒りは、0から100でいうと、　　　　　　　　くらいです」

ステップ2　怒りの数値をカウントダウンしていく。「30，29，28……」。
その数値に自分の心を合わせようと意識する。「怒りの量が減っていく
……10，9，8，7……」

「0」――怒りゼロの状態。完全に穏やかになりました（と想像します）。

　心は、アタマの中の思考に同調する性質を持っています。「許せない」と
判断すれば、怒りが増えます。「ま、いっか（どうせ忘れるし）」と言葉にす
れば、それに合わせて心は変わります。だから怒りの数値に心を同調させ
れば、カウントダウンにあわせて怒りも減っていきます。ぜひ試してみてく
ださい。

＊怒りのカウントダウンは『「雑念」がスーッと消える本』（大和出版2012）で初めて紹介した
　手法です。『これも修行のうち。』（KADOKAWA 2016）にも掲載しています。

怒りゼロを学習する

　怒りがない状態は、学習することが可能です。たとえば、

瞑想する ……瞑想は、怒りゼロの状態を体験するものです。感覚だけに意識を向けて、反応しない時間を過ごします。その経験値が増えるほど、「怒りゼロ」を取り戻しやすくなります。

　「座っているこの時間に怒る理由はないよな。一人でいる時間に湧く怒りは、妄想から生まれているんだな」というのが、正しい理解です。ひたすら体の感覚に意識を向け続けてください。

動物から学ぶ ……ペットショップや動物園に出かけてみましょう。ムダな怒りのない、まともで賢い動物たちと出会えます。

小さな子供に学ぶ ……幼い子供は「妄想ナシ、怒りナシ」のお手本です。きょとんとしているか、夢中に何かをしているか、楽しそうにしているか。動物と同じく、怒れる大人よりはるかに上級の命です。「こっち（子供の姿）が本来の姿なんだなあ」と考えてみましょう。

怒りのない過去を思い出す ……〝昔の自分〟を思い出すことも、人によっては大きな意味を持ちます。今より優しかった、前向きだった、好きなことに夢中になっていた。そんな幸せな過去を持っているなら、全力で思い出してみましょう。

　過去を思い出すには、その場所を訪ねてみるとか、旧友と会ってみるとか、当時の音楽や映画などを見るなどの方法があります。「あの頃に比べて今の自分は……」と自虐に走って暗くなることは避けましょう。単純に「思い出してみる」ことです。

　歳を重ねて時間に余裕が出てきたら、当時の自分を取り戻せるかもしれません。「老いるほど子供に還る」人もいます。できれば、一番マシだった自分に還っていきたいものです。

ノート

今とは違う自分を思い出す

　自分の過去を振り返ってください。「今より怒りがなかった・幸せだった時代」はありますか？　その頃何をしていましたか。思い出したことを書き留めておきましょう。

例 高校時代が一番幸せだった。気の合う友達とだけ付き合っていればよかったし。今が逆に気を遣いすぎなのかも。

性格を入れ替える

性格とは、反応のパターンです。心のクセみたいなもの。怒りっぽい、心配性、自信がない、神経質、完璧主義など。心の反応であることに違いはないので、心を見て、流して、違う反応のパターンに置き換えていくという〝心のリフォーム〟が使えます（16頁）。

心の反応を見て、流すことは、すでにノートにまとめました。感覚に意識を向けて、怒りや妄想を洗い流す。〝怒りのカウントダウン〟をやってみる。

反応しない――その状態ならもはや〝自分〟でもない――という一点をめざして、日々練習を重ねましょう。やれば必ず報われます。

感情のないニュートラルな境地に戻って、そこから〝反対側の性格にジャンプ〟しようと努力します。①なりたい性格・理想の性格を言葉にする。②いいなと思う性格の人をよく見て学ぶことが、コツになります。

人の言葉・表情・ふるまいなどを、じっと見つめて観察するだけで、心は同調して変わっていきます。「真似しよう」と無理しなくても、素直に見るだけで影響を受けるものなのです。

ノート
性格のビフォア＆アフターを明確に

(1) 左側に＜直したい自分の性格＞、右側に＜なりたい性格＞を並べてあります。今の自分に当てはまる性格となりたい性格にチェックをつけてください。特に強くめざしたいと思う性格を大きく〇で囲ってみます。

直したい性格	なりたい性格
□怒りっぽい	□いつもニュートラル（穏やか）
□落ちつきがない	□動じない（反応しない）＝受け止めて、冷静に考える
□先回りして未来を考えてしまう	□今できることをやる

□すぐ自分を否定する・ジャッジ（判断）してしまう	□判断しない・自分を責めない
□人が何をしているかが気になる	□自分の納得を基準にすえる（人の動向を追いかけないようにする。ＳＮＳも極力見ない）
□人が恐い・緊張してしまう	□人を肯定・信頼できる
□人より上だと思われたい（見栄っ張り・プライドが高い）	□謙虚・素直・つつしみに立っている
□涙もろい・すぐ感情的になる	□理解はするが、感情で反応しない
□こだわり症・完璧主義	□おおむねヨシと思える
□意志が弱い・だらしない	□崩れた時はマイルールを立て直す

⑵ その他の＜直したい性格＞と＜なりたい性格＞を並べてみましょう。

直したい性格	なりたい性格

自分の中に〝生き方の軸〟を持つ

　人間関係の締めくくりとして、すべてを解決する究極の方法を紹介しましょう。それは〝自分の納得だけを大事にして、他人の視線や動向を追いかけない〟という生き方です。

　〝自分の納得〟とは、自分のあり方を自分で選んで、自分だけでヨシと思えることです。この対極にあるのが、人の目を気にする心理——認められたい・認めさせたいという自意識・プライド・虚栄心です。その根底には承認欲（自分の価値を認められたいという欲求）があります。

　こんなあやふやなものに振り回されているから、いい歳をして人を見下したり、自分を見せびらかしたりするのです。逆に否定されるとアタマに血が上って、全力で反撃にかかります。人を気にして、人に反応して——その心は他人だらけ。もはや自分らしい人生は存在しません。

　そもそも人は見るものも考えることも、すべて違います。すべての人にわかってもらえること・評価してもらえることは、ありえません。仲良くなれる人もいれば、どうしても相容れない人、関わると苦しみが増すだけの人、敵になる人だっています。それが現実なのです。

　だからこそ、外の世界に目を向けるのではなく、足元を、自分の人生だけを見つめて生きるのです。

　自分にとって価値あること・自分にできることに心を注ぎます。人に認められなくても、報われなくても、それ以上に〝自分の納得〟が大事——そう知り尽くせば、自分の時間を大事にするようになります。

「自分は自分にできることをやっている。やろうと努力している。自分のために生きている」

「私は他人を追いかけない。人を悪く言わない。自分にとって価値あることを大事にする」

　それが、究極の生き方です。いわば自分の中に軸を——〝生き方の基準〟を持つのです。これを確立できた時に、はじめて人生に納得（これでヨシ）が生まれるのです。

ノート
“生き方の基準”を持つ

(1) これまでの自分が、どれほど人に振り回されてきたか・他人を追いかけてきたかを振り返りましょう。

例 いつも夫・父の反応を見てしまう。気に入られようとしすぎてきた。

(2) “生き方の基準”になる言葉を書き込んでください。

例 彼らは私じゃない。私のことは私が決める。

自分は正しく生きている 正しく生きようと努力している 立派じゃないか 自分

第5章 この先の人生を考える

　心と生活と人間関係、そして自分の性格を整えた後は、いよいよ今後の人生について考えていきましょう。

　過去どんな生き方をしてきたにせよ、未来、つまり残された時間があることは、共通しています。立場や年齢を問わず、性格や境遇とも関係なく、未来があることは、みんな同じです。

　では、未来とは何か。ひとつは"可能性"です。まだ時間がある。何かできる、体験できる、選ぶことができる。未来とは"できる"という可能性なのです。

　もう一つは、未来とは"心を何かに使う"ことです。未来を考えるとは、心を何に使うかを考えるということ。時間は過去から今、そして未来へと流れ過ぎていく。向きあうのは心である。生きるとは、新しい時間の流れに絶えず晒されながら、次は何をするかという問いなのです。

　だから、すべての人が答えを出すべき問いは、"残された可能性を何に使うか、何をするか"です。これは、きわめて具体的な問いです。

　未来は予測不可能だと言う人もいるけれど、それは外の世界の話です。自分の未来は、自分で選べます。次は何をするか、で答えることができるのです。

縛りつけるものはない

　未来が自分で選べるものだとしても、心が重たければ、選ぶことも難しくなります。洗えるものは洗う、捨てるものは捨てる。そのことで、選べることが増えていきます。

　はたして今の心を重くしているものは何でしょう？　何が心を縛っているのでしょうか。

　心を重くする代表的なものを挙げてみます。当てはまるものにチェック☑を入れてください。

過去……不本意な過去がある。思い出すと後悔が湧く。怒りが生まれる。
　　　　憂鬱になる。　　　　　　　　　　　　　　　　　　　　□

仕事……働く意味を感じられない。仕事の中身がつまらない。　　□

人と関わることが苦痛……職場の人間関係、親・家族との関係が重い。　□

お金……将来生活していけるか不安になる。　　　　　　　　　□

他人の視線……人にどう思われるかが気になる。　　　　　　□

未来……不安や孤独を感じる。未来を考えると怖くなる。　　□

とにかく妄想を引く

　いずれも、切実で深刻なテーマです。しかし、心を重くしている最大の理由は、自分自身の妄想にあります。

　たとえば、未来を漠然と妄想して、悪いことが起こると想像すれば、不安が湧いてきます。他方、未来を単純な可能性と見て、「今自分が何をするか」だけを考えるようにすれば、後は日々なすべきこと、つまり作業だけが残ります。作業そのものは、淡々と、心を尽くして、自分が納得できるようにやるだけです。「今日は今日、明日は明日」と割り切ることが可能になります。

　同じことは、過去、仕事、人間関係やお金など、すべてに当てはまります。つまり、妄想を引くことが、この先の人生を考えるうえで最初に来るのです。

いさぎよく忘れる練習をする

　では妄想を引くには、どうするか。ここまで紹介したワークを含めると、次の3ステップに集約できます。

①「今、妄想している」「あ、妄想していた」と、自分に気づく（客観視する）。

②妄想を消すために感覚に意識を向ける（このノート前半の〝心を洗う〟スキルを実践する）。

③もっと価値あること・楽しいことに全力で取り組む（作業が大事）。

エクササイズ
〝光消しゴム〟で妄想を消す

　妄想を消すには別の感覚を使うことが、基本です。新しいワークとして〝光消しゴム〟を試してみましょう。

　いったん目を閉じて、目の前に広がる暗がりを見てください。「何が見えているのかな？」と観察するつもりで点検します。

　妄想がなければ、ただの暗がりです。何かを思い浮かべてみましょう。仕事、家族、週末の予定、悩んでいる相手のこと……その妄想が見えた瞬間に、心は引きずり込まれてしまいます。しかも妄想が妄想を呼び、気づいたら妄想どっぷりの状態になっている。そんなものです。

　妄想に浸かっている自分に気づいたら（気づいた後でよいので）、目を見開いてください。**外の光を見ること。視覚を全開にして「今見えているものが事実。さっきのは妄想」と言葉にしてください。**

　視覚は強力です。目を見開いて光を見すれば、妄想は消えてしまいます。

　このワザを〝光消しゴム〟と呼んでいます。妄想に気づいたら消す。不安も悲観も、真昼にぼんやり漂わせている雑念も、まとめて光消しゴムで消すのです。

　最大限に目を開いてみてください。世界を包む明るい光が心に射し込んでくるはずです。

イヤな出来事があったら、その場で目を見開いて、心に光を入れるようにしましょう。「妄想は見ない」と言葉にします。実際にやってみた場所とその時の体験を記録しておきましょう。

例 暗いネットニュースでイラついていたから、屋上に出て夕焼けを10分眺めることにした。スッキリした（○月○日7時）。

日常から離れるレッスン

同じ日常の中にいると、どうしても見るもの・聞くもの・考えることが、パターン化してきます。その状態だと、刺激が減って、代わりに妄想が増えてしまいます。

そこで、妄想を消すワークにチャレンジしましょう。実際に動いてみるのです。

旅に出る

旅行のメリットは、日常から離れられること。日頃の自分で反応しなくてすむことです。「自分を知る人は誰もいない」という環境に身を置いて、「次はあそこに行こう」「これを食べよう」と新しい時間を楽しみましょう。

平日は宿題や仕事をしながら、「次はどこに行こう」と考えてみる。「いいかも」と思った場所をメモしておく。そして土日はただちに出かけるのです。

お気に入りの場所に足を運ぶ

気分転換に、お気に入りの場所に出かけましょう。近所のお店や公園、商店街、図書館などです。〝サブの場所〟リスト（46頁）を、さっそく活用しましょう。

その場所から離れる

旅は一時的脱出ですが、人生や生活そのものも脱出は可能です。長年苦しみが続くようなら、その場所・環境が原因かもしれません。

最も心を重くする原因は、〝身内〟であることも多いものです。無理解な親や夫や同居人――こうした人の近くにいる限り、どうしても反応せざるを得ず、同じパターンの繰り返しになります。

相手は変わるつもりもなさそうです。自分だけ新しい人として関わることは困難です。ならば、離れてやり直すことも当然あっていいはずです。

住んでいる環境は、凄まじい影響力を持っています。呪縛といって差し支えない重力です。「こんな生活はイヤだ」と感じるなら、全力で距離を置くこと、脱出することを考えてみましょう。

ノート
脱出計画を立ててみる

(1) 苦痛なのに離れられない場所・人がありますか？　なぜ離れられないのか、現時点の理由を書いてみましょう。　例 実家。引きずられすぎ。私がもう少しドライになれたら、離れても罪悪感を覚えずにすむ。

⑵「脱出したい」と思いますか？　どんな段取りで脱出するのか、プランもこっそり想像してみましょう。例 脱出して、もっと楽しく生きたい。まずパートの仕事を増やす。実家に行かず、お金を貯める。そして遠くに引っ越す。

過去の自分を卒業する

　過去といっても三種類あります——①社会に残る記録や履歴、②他人が覚えている記憶、③自分に残っている記憶の三つです。

　このうち、①は消しようがありません。②もコントロールできません。自分にできるのは、自分に残っている記憶から自由になることです。思い出しても反応しなくなること。「そんなこともありました、でも過去です。過去は記憶でしかないから、私にとっては妄想でしかありません」と言い切れる自分をめざすことです。

　そのうえで、他人が覚えている過去や、社会に残る過去と向き合うことになります。〝新しくなった自分を見てもらうこと〟が、唯一できることにな

ります。新たな自分を受け容れてもらえるか、関わってくれるか。その選択
は相手に委ねることになります。

　自分が変わることなく、人生を変えることは、不可能です。いくら人に
期待したって、他人が自分に替わってくれるわけではありません。自分の生
き方は自分で変える。自分の未来は自分で作る。その当たり前から始める
しかないのです。

　未来を軽くしたいなら、心を軽くすることです。過去が重いなら、過去
という名の妄想を、自分の側で洗い流すことです。新たな生き方に入れ替
えて、新しい自分として人と出会っていくのです。

仏教こばなし
本当に生まれ変わった青年の話

　過去を完全に克服した例として原始仏典に残るのが、アングリマーラという青
年の話です。青年は、師に当たる人の妻に誘惑され、拒んだことで逆恨みされ
て、無実の罪を着せられてしまいました。師が命じたのは、百人を殺してその
指で首飾りを作ってこいというもの。師の弟子として留まりたいという執着を捨
てられなかった青年は、言われた通りに人を殺める行動に出てしまいました。

　百人目として襲いかかったのが、青年の母親でした。その前に静かに立ったの
が、ブッダでした。その時の対話をきっかけに、アングリマーラは新たな人生を
歩き出したのです。

　二人の間にどんなやり取りがあったかは、記録に残っていません。ただ、ブッ
ダが伝えたことは、原始仏典の全編に残る言葉によって推論することが可能です。
すなわち、過去は存在しない。新しい人間として生きることを選ぶがよい。世
の中・人々は、おまえの過去を責めなじるだろう。だがすべてつつしんで受け止
めなさい。そして新しい生き方を貫きなさい――というものです。

　アングリマーラは、過去を妄想として流してくれる唯一の人ブッダとめぐり
合って、その弟子となり、新しい人として生きることを選びました。それはうわ
べだけの改心、つまり見せかけの演技ではありません。心の底から生まれ変わ
ること。人に何を言われても何をされても、決して恨みをもって返さない。過去

を責めてくる相手に対しても、自分は過去を越えた新たな人間として向き合い続ける。人々に対して「あなたたちが覚えているその人と、今の私とは本当に別の人間なのです」と、その身をもって伝え続けたのです。

　社会に残る履歴や他人が覚えている過去は、消すことはできません。しかし自分にとって、過去は妄想でしかありません。過去と同じ自分のままでいる限り、自分は過去と同じ自分を生きていることになる。だが、過去を妄想として手放し、他人がなんと言おうと、自分は新しい人間として生きていく——そう言い切って、その言葉と思いと行動が完全に一致した時に、過去の自分を越えて、新しい自分になるのです。

　ブッダと青年アングリマーラのこんな言葉が残っています。

「道に入る前は前世である。新たに生まれて以来（道に入ってからは）、汝は過ちを犯していない」とブッダ。

「道に立ったこの姿を見てください。苦しみをもたらす種は、すっかりなくなりました」とアングリマーラ。

　——いや、アングリマーラと呼ぶのは正しくありません。そこにいるのは、新しい人です。過去の自分を越えることは、未来への生き方次第で可能だということです。

過去

新しく生きてゆきます

すべて うけとめます

今からできることをやる

　過去は取り戻せません。どんなに考えても、人は結局、未来を新しく生きるしかないのです。過去という妄想を引きずるか、新しく始めるかだけが、今できる選択ということになります。

　たとえば、勉強をやり直したいと思えば、やり直すだけです。過去踏み切れなかった仕事を始めたいというなら、やってみるだけです。昔別れた相手ともう一度会ってみたいというなら、会いに行けばよいのです。

　妄想に留まるのか、行動するのかということです。できることなら、やる。できないことなら、いさぎよく忘れる。その二択です。

　だから過去を思い出したら、「今からできることはあるか?」と即考えるようにしましょう。答えが出ないなら、「何ができるかを考えよう」「答えがわからないなら、いい加減忘れよう」と、けじめをつけることです。

　人生には、不本意なこともたくさんあります。誰しも完璧な過去を生きてきたわけではありません。それでも人は欲が深く、妄想に流されやすいので、過去に戻って、怒ったり落ち込んだり、「もっとこうしていれば」と想像したり、今の自分を否定し、世を恨んだりしてしまいます。

　しかしこんな悩みのループを抜け出す決定打があるのです。それが過去という名の妄想を丸ごと消すことです。

　過去はいさぎよく手放すこと。存在しないものだからです。代わりにできるのは、「今から何ができるのか」を問い、できることを行動に移すことだけです。

　過去を捨て、今という一点に立ち、未来という可能性に向かう。動き続ける——何年生きたかに関係なく、その生き方を貫こうとすることで、人は何歳になっても強く新しく生きていけるのです。

ノート

"新しい自分"を言葉にする

"こんな自分になりたい"と思うイメージはありますか。もし新しく人生を始められるとしたら、どんな自分を生きていきますか。思い浮かぶ"新しい自分"を言葉にしてみましょう。そして"今からできること"を、書き留めておきましょう。

例 サバサバして引きずらない。子供には「わかればヨシ」を口グセにする。小さなことを面倒くさがらず即行動する。小さく始める。

お金の悩みを解決する

　未来に関する悩みのひとつに、お金の問題があります。老後の備えは十分か。不慮の病気や事故に遭ったらどうするか。未来に必要なお金のことを考えると不安になるという人は、少なくありません。

　仏教は、お金の計算は苦手です（というか無縁です）。「私もそうです」とうなずく人も多いはずです。そんな人のために、お金の〝コレだけは〟という基本的心がまえを押さえておきましょう。

お金は＜基本＞と＜オマケ＞に分ける

　お金を「これだけは欠かせない」という基本と、「余れば使う」オマケに分けましょう。

　①今と老後の暮らしに欠かせないお金は＜基本＞です。「どうしてもこれだけは必要」という額を確認してみてください（家賃・税金・食費・光熱費・通信費など）。これまでの出費も参考にして「大体これくらい」という額を計算します。

　その枠は自分で稼ぐことを基本とします。これは生き物としての鉄則みたいなものです。働けるかぎりは、堂々と働きましょう。社会に貢献して、しかもお金が入るのですから、こんな素晴らしいことはありません。

　②＜オマケ＞は、＜基本＞以外の「あればありがたい」お金です。なくても＜基本＞がキープできていれば、とりあえずＯＫ。＜オマケ＞がもしあれば、趣味や贅沢に使うか、万一の備えか投資に回すことになるでしょうか。＜基本＞が確保できていれば、＜オマケ＞を何に使うかは、個人の自由です。

　それ以外の不安や心配（もっとお金があれば、事故・大病に遭ったらetc.）は、ただの妄想です。もし将来への備えが本当に必要だと思うなら、＜基本＞に入れて下さい。それほどでもなければ＜オマケ＞それ以上は考えないこと。基本を確保できていれば「おおむねヨシ」でよいのです。

ノート

お金の悩みを整えよう

まず、お金の<基本>を確認しましょう。

1 <基本>になる額を確認する

＊<基本>（必要な出費額）は多めに、生きる予定の年数も長めに見ておく。

＊これまでの経験にてらして「おおよその額」（だいたいこれくらい）でOK。

内訳（おおよそで可）

・住居費……………… [　　　　] 円
　（家賃・ローンなど）

① ひと月の<基本>

・食費………………… [　　　　] 円

毎月 [　　　　] 万円
　　　　　　くらい …… ・光熱費……………… [　　　　] 円

・通信費……………… [　　　　] 円
　（携帯・電話・インターネット他）

↓

・アメニティ ………… [　　　　] 円
　（衣類・生活用品など/
　　身の回りに確実に必要な額）

ひと月の<基本>×12

毎年 [　　　　] 万円

・移動費……………… [　　　　] 円
　（交通費・ガソリン代他）

・保険………………… [　　　　] 円
　（国保・健保・生保・損保・共済他）

＋（プラス）

1年ごとに必要なその他の出費　　税金 [　　　　] 万円
　　　　　　　　　　　　　　　その他 [　　　　] 万円

⇩

② 1年あたりの<基本>となる額 [　　　　] 万円

　　　　×
あと [　] 年は生きる（予定）として　　　　↓

残りの人生に必要な<基本>額は [　　　　] 万円

　　　＋

子供が自立するまでの教育費（学費その他）

1年あたり [　　　　] 万円×

　　　子供が自立するまで [　] 年＝ [　　　　] 万円

③ 子供にかかる費用も含めると生涯に必要な<基本>総額 [　　　　] 万円

2 入ってくる予定の額を確認する

①働いて稼ぐ額

毎月 [　　] 万円くらい×12ヶ月= [　　　　　　　] 万円

＋

臨時収入（ボーナス）……………………… [　　　　　　] 万円

副業 ……………………………………… [　　　　　　] 万円

1年の収入 [　　　　　　　　] 万円 ＊低めに見ておく

×

働けそうな残り年数 [　　] 年

＝将来にわたって稼げる（かもしれない）額

[　　　　　　　　　　　] 万円

②いざというとき使える額

・預金 ……………………………… [　　　　　　] 万円

・保険（解約含む）……………………… [　　　　　　] 万円

・金融資産（株式その他）…………… [　　　　　　] 万円

③入ってくるかもしれない額 ＊あてにしないこと

・年金 [　] 歳から月あたり………… [　　　　　　] 円　　あと [　] 年

　　　　　　　1年あたり………… [　　　　　　] 円　× 生きるとして

・相続……………………………… [　　　　　　] 円　　総額

・投資のリターン………………… [　　　　　　] 円　　[　　　　　]

・保険解約・払戻など………………… [　　　　　　] 円　　　　　　　円

入ってくる予定の額 2 （①＋②＋③）が＜基本＞になる額 1 を上回っていれば
〝おおむねヨシ〟と考える。

3 ＜オマケ＞の額を確認する（2から1を引いて計算）

＊＜オマケ＞とは生きていくだけなら、なくても困らない部分。「あればありがたい」

＊毎月入ってくる額（2①および③の年金）から毎月の＜基本＞額（1①）を引いた残りの
　額が、ひと月あたりの＜オマケ＞に当たる。　　　　　　……あればありがたい（喜ぶ）

＊毎年入ってくる額（2①および③の年金）から1年あたりの＜基本＞額（1②）を引いた
　残りの額が、1年あたりの＜オマケ＞になる。　　　　　……あればありがたい（喜ぶ）

①ひと月の<オマケ>額

ひと月に　　　　　　　　　　　だいたい
入ってくる（予定の）額 ………………… [　　　　　] 万円（**2**①＋③の年金・リターン等）

<基本>の額 ………………… [　　　　　] 万円（**1**①）

入ってくる額から<基本>額を引くと [　　　　　] 万円

→ひと月の<オマケ>として使える額（ありがたい）

②1年ごとの<オマケ>額

1年に　　　　　　　　　　　だいたい
入ってくる（予定）の額 ………………… [　　　　　] 万円（**2**①＋③の年金・リターン等）

1年ごとの<基本>額 ………………… [　　　　　] 万円（**1**②）

入ってくる額から<基本>額を引くと [　　　　　] 万円

→1年ごとに<オマケ>として使える額（ありがたい）

4 <オマケ>を何に使うかを決める

使う
□ 娯楽・遊び　□ 外食　□ 交際
□ 旅行　□ その他の贅沢

[　　　　　] に
[　　　　　] 円くらい

活かす
□ 学び　□ 書籍・情報
□ その他の体験

[　　　　　] に
[　　　　　] 円くらい

備える
□ 投資　□ 貯蓄

[　　　　　] に
[　　　　　] 円くらい

<オマケ>は
できれば [　　　　　] に使いたい

＊<基本>は手堅く確保。
　<オマケ>は、あればラッキー。人生に感謝しましょう。
　日頃は頭に入ってこない（考えすぎない）ことが理想です。

「おおむねヨシ」で切り上げる

　基本とオマケと、それ以外の妄想と——おカネをめぐる悩みは、この三つでできているのです。＜基本＞は自分で働いて稼ぐことが基本です。人生を選べるようになるし、働くことは社会が回っていくために必要だからです。

　気をつけたいのは、＜基本＞を崩して＜オマケ＞に使うことです。未来の生活費を崩して贅沢に使うとか、投資に回すとか。これらは＜オマケ＞の範囲内でのみ使うべきです。「失ってもオマケの部分、得をすればラッキー」くらいの位置づけでよいのではないでしょうか。

　もう一つよくある悩みが、「周囲に見栄を張りたい」という煩悩です。お金があれば自慢できて、なければ肩身が狭いという発想。もうおわかりの通り、これは貪欲（求めすぎ）と妄想（周囲の視線を気にする・比較する）から来ています。

　ブッダはつねに〝心〟を見ます。心が満たされていないなら、いくらお金があっても幸せとは言えません。＜基本＞をおさえて、「だいたい生きていけるだろう」という見通しがつけば、もう十分幸せです。あとは楽しく暮らしましょう。

お金をめぐる大事な話

お金をめぐる、その他の大事な考え方をまとめておきましょう。

家族はみんな自立すべし

お金に苦労しないために、きわめて大事なことが一つあります。家族に〝自立〟してもらうことです。老いた親の面倒を当たり前のように子に期待したり、いい歳をした子がなお親に依存したりという事態は、全力で回避してください。放っておくと、地獄を見ます。

みなが自立していること。自分にかかるお金は、自分で稼ぐこと。夫婦なら協力しあってよし。でも親・子・親戚・友人については、それぞれの足で立つことが絶対の基本です。

子供に対しては「あなた、将来どうするの？（この家にはいられないよ？）」と事あるごとに釘を刺す。親に対しては「私は自分の人生を生きていくから。お父さん、お母さんも頑張ってね（お金の＜基本＞は大丈夫？）」と牽制することです。

「自立してね」「自立しなさいよ」がお互いへのメッセージ。このルールを守れた家から幸せが訪れてきます。

ノート
みんな自立が基本

夫婦・親子関係を振り返ってみましょう。自分は自立しているでしょうか。家族はどうでしょうか。自分が自立をめざすか、家族に自立を促すかです。今からできることを書き出してみましょう。

例 私は自立していない。子供にかまけて、自分を大事にしていなかった。もっと子供を突き放そう。自分のことを頑張ろう。

人と比べない

　仏教は〝心の状態〟を大事にします。だから、お金がいくらあるかより、その心に快があるか、価値を感じているかを見ます。心に何があるかは、きわめてリアルな、その人だけの体験であり真実です。お金の意味は、実は〝本人のみぞ知る〟ことなのです。

　だから貪欲や見栄でお金を使うのは、その時点で正しくありません。心の満足が大事なのに、出発点にすでに苦しみがあるからです。過剰な利益を求めて目の色を変えたり、見栄を張ったり、自分よりお金持ちに見える人に嫉妬したり負い目を感じたりというのも、意味はありません。他人は放っておけばいいのです。

　自分が満足していれば、それでよし。この身一つを、どこに置いて、どんな時間を過ごすか。心に何を感じるか。そのきわめて個人的な問いに、自分なりの答えをひそかに出していれば、それで十分なのです。

　〝小さく幸せになる〟ことをめざしましょう。

まず役割を果たすこと

　働くことが、人生の基本です。動物なら、安全な場所とエサを探す——生きるために必要なことを、命尽きる最後まで続けますよね。人間だって同じです。動けるかぎり働くことが、本来の姿です。定年とか年金とか投資でいくら利益を上げたとか、そういうのは〈オマケ〉です。〈基本〉は自分で手に入れるのが、最も間違いない生き方なのです。

　仕事は、二つの納得を運んでくれます。ひとつは収入。もうひとつは役に立っている・社会とつながっているという安心・誇りです。心は人とつながっていることで安心します。誰かを手伝うことで、社会において自分が価値ある存在だという納得が得られます。

　こうした納得こそが、働くことの本質です。たしかに、世の中働きづらくはなっています。また、お金だけで意味が決まるという発想——多く稼げればいいとか、ラクして儲けようといった生き方——が影響力を増している

ことも、事実です。しかし、これらは人間の勘違いであって、人が本来幸せになれる生き方とは、まるで違います。

　働く意味は、お金で決まるものではありません。道端のゴミを拾ったり、家事をていねいにこなしたり、ご近所を手伝ったり、ボランティアに参加したりすることも、働くことに当たります。そんな自分に誇りと納得を得る生き方こそが尊いのです。

　働くことが基本であって、お金こそがオマケです。お金に振り回されている姿こそ、仏教の目で見れば、本末転倒です。「何かできることはないか」と思い立ち、小さな役割を果たして誇りと納得を得る。ときおり喜びも入ってくる。そして最後まで人生をまっとうする。そんな生き方こそ、最高の幸せなのではないでしょうか。

ノート
正しい働き方を考える

　今の仕事・生活を＜働き＞として捉えてみましょう。どのように働けば（心がければ）、自分に誇りと納得を得られるでしょうか。

例 職場で積極的に声かけをする。社会とのつながりを大事にするため、地域のボランティアを頑張る。

第6章 未来をスッキリ生きていく

　いよいよ、このノートも最終章に入りました。この先は、「今が一番幸せです」と言える自分をめざしましょう。

　そのために必要なのは、「これで間違いない」と思える生き方を確立すること。ここまで心と生活をリフォームし、お金や人間関係についての考え方も整理しました。あとは、未来に向かう心がまえだけ——「今日一日をこんな心がけで生きていこう」という方針をはっきりさせましょう。

「今から何を？」は二択で考える

　人生とは時間です。時間があるから、考えられるし、動けるのです。もし時間がなければ、人は一切身動きが取れません。

　だから生きるとは、流れる時間の中で、何かをすること。何をするか。やった。では次は？——その連続が生きるということです。

　とすると生きることの第一は、〝次は何をするかを選ぶ〟ことになります。

　何をするか。価値があるか——それが最初の問いになります。

　価値あることは、限られています。

　○選んだことを淡々と作業としてやる。

　○快がある・楽しい・嬉しいことをやる。

　○人との関係で役割を果たす。

　この三つのいずれかであれば、仏教的には確実に正しい生き方をしていることになります。

　しかし現実は、これら三つを外したところで回っていることが多いものです。作業しながらモヤモヤ、悶々、イライラしている。不快な気分しか残らないのに、わざわざ他人事や世間の話題にお付き合いしてしまう。役割を果たすという発想なしに、言いたいこと・やりたいことをやって終わってしまっています。

ただ、こうした生き方では、いつまでも幸福は得られない——もう十分
見えてきましたよね。

「やってみよう、やってみた」でOK

　流れて来る時間の中にいる。何を考え、何を語り、何を行動に移すかを
選ぶ。生きるとは、それだけのこと。その姿をシンプルに表現すれば——
「やってみよう、やってみた」。これが〝生きる〟ことの本質です。

　未来に対して「やってみよう」。過去になった時点で「やってみた」。その事
実に、人それぞれの個性が加わった時、「やってみたい」という意欲や「楽し
かった、充実していた」という感想が出てきます。

　やってみた後に何が残るかは、体験してみるまでわかりません。体験して
初めて、「どうなるだろう？」と思うしかなかった未来が、「そうだったんだ」
という実感に変わります。未来をあれこれ考えても、答えは出ません。だ
から〝不安〟に、本当は意味はないのです。

　人生はシンプルに「やってみよう、やってみた」だけで生きていけばいいの
です。

どこまでプラスの価値を増やせるか

「やってみよう、やってみた」というシンプルな人生に、どんなプラスの価
値が生まれるか。それが、人それぞれにチャレンジすべきことです。結果と
して〝生きる意味〟も出てきます。たとえば、
「やってみよう ⇒ やってみた ⇒ 楽しかった ⇒ もっとやってみたい」と感じ
たなら、新たな意欲や趣味・楽しみになります。
「やってみよう ⇒ やってみた ⇒ できるようになった」なら、仕事にせよ勉
強にせよスポーツにせよ、自分の〝能力〟になります。
「やってみよう ⇒ やってみた ⇒ できるようになった ⇒ 人の役に立てるよ
うになった」なら、それは仕事・働きです。「役に立つ」とは、貢献すること、
または報酬を得られるということです。

「やってみよう ⇒ やってみた ⇒ できるようになった ⇒ 役に立てるようになった ⇒ 充実・達成・満足・喜び・誇りが得られるようになった」。ここまで来れば、適職（向いている仕事）であり、天職（最高の仕事）です。望みうる理想の人生にたどり着いたということです。

個人的な快（喜び・楽しさ）であれ、役立つことであれ、自分として〝納得〟（これでヨシ）と思えれば、それが最高の成果であり最上の自分です。

いずれも、「やってみよう ⇒ やってみた」という本質から始まっています。

つまり間違いない生き方とは、「やってみよう、やってみた」だけで生きていくことです。途中でムダに反応して引っかかったり、引きずったりせずに、この二つだけで生きぬくこと。

それができれば、「よく生きた、納得」してよいのです。

ノート
どうせなら夢のある妄想を

「やってみよう」と思うことはありますか？　遠慮せずに、思い浮かぶものをなるべく多く書いてみましょう。

例 ソロキャンプに行ってみたい／日本一周してみたい／動画を投稿してみたい／土地ごとの有名店で食事したいetc.

人の心はネガティブが好き

「言っていることはわかるけど、そううまくは行かない」と思う人もいるでしょう。しかし「やってみよう、やってみた」というのは、時間という絶対の法則にもとづく真実であって、「それは違う」とは、どうしても言えません。「難しい」と感じてしまうのは、自分の中にネガティブな思いがあるからです。

つまり「やってみよう」と思っても、「やってみる」という単純な行動に出る前に、「できない理由」が生まれてしまう。このネガティブな反応に囚われて、「やってみる」の手前で止まってしまうのです。多くの人が、この足止め状態の中にいます。

前に進む人の思考

①やりたい・やってみよう ⇒ ②行動に出る・体験してみる ⇒ ③やってみたという事実が残る。

立ち止まる人の思考

①やりたい・やってみよう ⇒ ②できない理由を探し出す ⇒ ③立ち止まる(つまり「やってみよう」という妄想のまま)。

「できない理由」は、さまざまです。「過去にうまく行かなかったから」「親が反対するから」「どうせ私はできないし」「お金がない」「時間がかかる」「もう歳だし」「暑いし」「寒いし」「動画を見てるほうがラクだし」……。

問題は、こうした「できない理由」が、ただの妄想かもしれないということです。

どんな理由であれ、「行動に出る」ことを止める理由には、本当はなりません。もし立ち止まらなければいけないとしても、その時は「待てばいい」からです。もし旅の途中で道が塞がってしまったら、待つか、別ルートを探しますよね。「やってみよう」も同じで、一時的にできないなら、準備する。工夫する。方法を考える。待つ。それが、「やってみよう」の次に来ること。

その後に続くのが「行動に出る（やってみる）」ことです。

　つまり「やってみよう」の次に「できない理由」は要らないのです（大事！）。あえて入れた〝犯人〟は、自分のクセ。非論理的な妄想です。これが〝ネガティブ思考〟の正体です。

　本当のポジティブ思考とは、〝思考の道筋に妄想を挟まない〟ことをいうのです。「やってみよう」から「やってみる」につなぐだけ。このスッキリと明快な考え方が、本当のポジティブ・前向き・積極的な思考です。

ノート
「あの時できなかった理由」は妄想？

　過去、やってみたかったのに、しなかったこと・できなかったことはありますか？　なぜできなかったのか、当時考えた理由を思い出してみましょう。⑦ 東京の大学に行きたかった。親に逆らえなかった。　⑦ 婚活したかった。お金がかかると思った。独りの自由を味わいたかった。

　⑴ やってみたかったこと

　　_____

　　_____

　　_____

　⑵ しなかった・できなかった理由

　　_____

　　_____

　　_____

　　_____

ポジティブに考える練習

　では、ネガティブ思考を一掃するワークをしてみましょう。

　すべての問いには、答えるための条件があります。数学なら「こんな条件を前提に問題を解いてください」と聞かれます。あのNASA宇宙飛行士の訓練も、いろんな制約の下で課題をクリアさせたり、限られた部品で機械を組み立てさせたりするといいます。

　このノートでも、思考に条件をつけてみましょう。つまり〝ポジティブ（肯定形）だけで考える″のです。

　たとえば、「こんな仕事を始めてみたい」と考えたとします。ネガティブに考えると、「でも今の仕事を辞めるわけにはいかない。子供も小さいし、収入も下がるし、うまく行くとは限らないし……」という展開になります。「もうしばらくこのまま。仕方ないじゃないか」が、その結論です。

　では、すべてをポジティブで組み立てたら、どうなるでしょうか。
「こんな仕事をしたい。こんな課題がある。解決したい。どんな解決策があるだろう。それを考えていこう」
「こんな仕事をしたい。今の仕事もしばらく続ける必要がある。いつまで続けるか。その後は何から始めようか。今からプランを考えよう」

　すべてポジティブです。それでも、ちゃんと答えになっていますね。こうしてポジティブだけで思考を組み立てる訓練をするのです。

ノート

「今ならこうする」リストを作ろう！

　先ほど書いた「(1) やってみたかったこと」に続けて、「今なら、どうする？」と考えて "今ならこうするリスト" を作ってください。

「今ならこう考える」「こう動く」とポジティブな言葉だけを並べてください。

例 東京の大学に行きたかった。今なら親に内緒で願書を出す。受かってから話す。

例 婚活したかった。今ならボーナスを充てる。出会いがありそうな習い事をする。

ブッダのお悩み相談室

　悩みというのは、自分一人で考えても、容易に答えが出てこないものです。心のクセ（パターン化した妄想）が邪魔するからです。

　では、もしブッダに相談したら、どんなアドバイスが返ってくるでしょうか。

親といるのが苦痛なのに、経済的理由で家を出られない。

⇒　どんな仕事でもよいので、まず家を出てください。今の環境に慣れれば慣れるほど、外に出にくくなります。親と一緒にいて、自分の全力を発揮できる人は、ほとんどいません。実家は〝子供仕様〟（子供だった自分向きの環境）なのです。あなたはもう子供ではありません。心地よいはずがないのです。

　家を出てしまえば、新しい環境が次への出発点になります。最初はつらいかもしれませんが、新しい人生が必ず始まります。

「昔はこうだった（優等生だった、いじめに遭った、家庭環境がこうだったetc.）」

⇒　その心情はわからなくはありません。しかし、立ち止まる理由にはなりません。未来は新たに体験するものだからです。過去という妄想に留まっても、何も始まらないのです。過去を越えるか、やってみようと踏み出すか。踏み出すのみです。目を覚ましてください。

うまく行かないかもしれない。失敗したら恥ずかしい。

⇒　うまく行くかは「やってみよう」と関係ありません。そもそもやってみるまでわかりません。「やってみる（体験してみる）」ことだけが、正解です。やるべし。やるだけ。やってみるだけで立派です。妄想に負けないように頑張りましょう。

過去失敗だらけだった。自分は何もできない人間なんだと思う。

⇒　「できる」ためには体験が必要です。体験して、やり方を見つけたり学んだりして、できることを増やしていく。自信は、その後についてくるオマケみたいなものです。

　たしかに過去はできなかったかもしれません。でも過去は妄想でしかありません。過去を忘れて、今なら何をしてみたいか、もし自由に選べるとしたら何を選ぶか。もう一度新しく生きてみる（体験してみる）つもりで、動いてみるのはどうでしょうか。

完璧主義で、あきらめるのが早いです。人の目を気にしすぎて何もできなくなります。

⇒　心の動きを見てください。完璧主義・自意識過剰は、貪欲の一種です。求めすぎ。たいていは「もっとよく見せたい」というエエカッコしいから来ています。「やってみよう ⇒ やってみた」に、人の目は要らないし、高得点も要りません。周りを見渡さず、自分にできるベストを尽くすだけでよいのです。謙虚になることかもしれません。

　いかがでしょうか。「バッサリ斬られた」と感じたかもしれませんが、仏教はそういう世界です。正しい理解を示す。本質だけを掘り起こす。都合のいい妄想はバッサリ斬ってしまいます。

　上記にリストアップした悩みについては、斬って落とすところまで。「では具体的にどんな行動に出るか」は、自分の言葉で書いてください。

　書いた答えが道しるべになります。このノートを丸ごと〝人生の答え集〟にしてください。「これが真実（正しい生き方）だよ。言葉にできたのだから、必ずできるよ」と自分に語りかけてくれる一冊にするのです。

新しい人生は〝やってみる〟ことから

体験するほど自己ベスト

ノート

明るいゴールを見すえる

今一度、明るい未来を想像してみましょう。この先、どんな人生を生きたい**か──こんな生活をしたいという暮らし方のイメージ**を思い描いてみましょう。

思い描くのに、遠慮は要りません。「なんでもかなうとしたら、何を望むか」と想像してください。想像する自由を、自分に与えてあげること。「こんな暮らしができたらいいな」でよいのです。想像すると気持ちが明るくなる・楽しくなってくる──そんな未来を言葉にしてみましょう。

例「資格を取って、新しい土地で働きたい。結婚もできたらいいな」

　「古民家を改築して、通販ショップを開きたい。海外にも販売したい」

ノート

生活を楽しくするものをリストアップする

　明るいゴール（未来）を見すえたら、今度は日常を楽しく彩ってくれるものをリストアップしてみましょう。

　次の＜暮らし＞＜場所＞＜工夫＞の各アイテムの中味を書き込んでください。思いつかない時は、これから探していきましょう。ありすぎて書き足りない時は、ページ余白やポストイット、ルーズリーフにまとめてもOKです。

暮らし

◇ 幸せになれる食べ物・飲み物

◇ 見ると幸せになるもの（本・映画・写真・漫画・アニメなど）

◇ 聞くと幸せになれる音（音楽・歌・朗読・自然の音など）

◇ 一緒にいると楽しい人たち（家族・仕事で付き合う人・友人・趣味やサークルの仲間など）

場所

◇ 体を動かしたい・鍛えたい（スポーツ・運動・ジム通いなど）

◇ くつろげる・楽しい場所

◇ 行ってみたい場所（お店・旅先・引っ越し先など）

工夫

◇ 私の健康法（健康維持のため心がけたいこと）

　　例 一日○○歩ウォーキング／月に2回はサウナ／建物は必ず階段を使う

◇ 勉強して成長したい（読書・講座・スクールなど）

◇ これをするとリラックスできる

◇ たまにはこんな贅沢をしたい（想像してときめくもの）

＊アイテムの中味を書いたら、◇マークに色を塗りましょう。

＊やってみたものにチェック ☑ をつけて、日付を書いておきます。日記のように感想を書き込むのもOK です。

☆ _____ □

☆ _____ □

☆ _____ □

☆ _____ □

☆ _____ □

☆ _____ □

☆ _____ □

☆ _____ □

☆ _____ □

☆ _____ □

☆ _____ □

☆ _____ □

あと百年生きられるとしたら？

　子供は目の前のことに夢中です。新しいことを吸収して、どんどん成長していきます。夢中・集中・成長——子供のような心を持つことは、一つの理想です。

　子供と大人は何が違うのでしょうか。大人はすぐ先のことを考えるし、過去と結びつけます。「きっとこうなるんじゃないか」と先回りしてしまう。最強のネガティブ・ワードは「もう歳だから」。これでは何もできません。

　子供の目がキラキラ輝いているのは、未来が無限にあると思っているからです。十年後なんてわからない。三十年先なんて、あるとも考えない。夏の広い青空のように、未来が無限に広がっているように見える。時間は十分残されている。だから安心して今に集中できるのです。

　心を軽くするには、たしかに妄想しないことが基本です。ただし未来については例外として、思いきり想像してみましょう——「人生が残り百年あるとしたら？」と考えてみるのです。

　本気で想像してください。まだ生まれたて。過去も知らない。未来も知らない。「もう歳だ」「あと何年しかない」という野暮な妄想は浮かばない。空を見上げて、子供のつもりで「あと百年あるんだ」と考えてみてください。その状態で、目の前の価値あることに取り組んでみましょう。

　焦りも不安も消えれば、子供のように無心に物事に取り組めるかもしれません。

エクササイズ
「あと百年ある」と思ってやってみる

やってみたいことを一つ用意してください。「あと百年ある」と思って、取り組んでみます。集中できたでしょうか。やってみた感想を書いておきましょう。

生活の向上度チェック

　このノートをきっかけに、新しい生き方を始めましょう。書いて、アタマを整理して、日々実践していくうちに、「最近、自分が変わったな」と実感するはずです。

　心が軽くなる。ムダなことで悩まなくなる。快適に過ごせる。過去は過去として肯定し、未来は「きっと大丈夫」と信頼できる——そんな心境なら、自然に微笑んでいるはずです。「今が一番幸せ」と言えることでしょう。

　人生がどこまで変わったかを、このノートでときおり確認してください。季節の変わり目や年越し、誕生日など、キリのよいところで、このノートを振り返るのです。そのときは、この最後のページに戻ってきてください。

　次に挙げた項目は、自分がどれだけ変わったか、前に進んだかを確認するためのものです。「まだできていない」と思えばノーチェック。「少し実践できている」と思えば、一つチェック。「完全に身に着いた（習慣になった）」と思えたら、チェック欄☑を全部埋めましょう。

１．事が起きた時は、「この場合はこう考えればよい」と自分なりに対策が
　　思い浮かぶようになった。 -------------------------------- □□□

２．小さな日常だが、満足が増えた。 ------------------------ □□□

３．価値あることを大事にするようになった。 ------------------ □□□

４．悩み・苦しみが減りつつある。 -------------------------- □□□

５．人に敬意や思いやりを向けるようになった。 -------------- □□□

６．自分が謙虚になったように思う。 ------------------------ □□□

７．この先何をめざして生きればよいか、方向性が見えてきた。--- □□□

８．今の毎日は悪くないと思う。 ---------------------------- □□□

ダンマパダ　象の章を参考に

　チェックの数が増えるほど、人生が前に進んだということ。〝見える景色〟が変わってきたということです。

ノート

今のスッキリ度チェック

(1) このノートを書き終えて、特にスッキリした点を書いてみましょう。

(2) その後、時間を置いて戻ってきてください。①どこがスッキリしたか、②どうすればスッキリするか（課題・対策）を、その都度書いていきましょう（日付も忘れずに）。

おわりに

言葉の数だけ幸せが近づく

このノートの中に過去の自分がいます。時を置いて戻ってきてください。歩いた道のりを振り返るように、このノートの記録を通して、その頃の自分を思い返してみましょう。

「これは実践できている。ずいぶん板についてきた」と思うかもしれないし、「これを忘れていた、もう一度始めよう」と思いを新たにできるかもしれません。

「このノートに取り組んでいたあの頃より、今の自分のほうが、たしかに快適に暮らせている」——そう思えた人は、正しい人生を生きているということです。

書くことで心が変わる。人生も変わってゆく。その可能性を、ノートに言葉をしたためながら、体験してください。

書き記した言葉が、あなたの人生のお守りであり、応援してくれる友人です。善き言葉、価値ある言葉、正しい言葉を友として、この先の日々をスッキリした気分で生きていきましょう。

なすべきことをなし終えて、心に汚れなき者として暮らす日は、いつのことだろう。その日が楽しみだ。

テーラ・ガーター　孤独に住まう者の言葉

御朱印スペース

旅先でスタンプ、寺社で御朱印など、このノートにひととおり書き込んだら記念に押してください。

草薙 龍瞬　（くさなぎ りゅうしゅん）

僧侶・著述家／興道乃里代表。

奈良出身。中学中退後、十六歳で家出、上京。大検（高認）をへて東大法学部卒業。ビルマ国立仏教大学専修課程修了。仏教を「現実の悩みを解決する合理的な方法」として紹介。宗派・伝統に属さない"独立派"の出家僧。北海道から沖縄まで日本全国行脚を夏に開催。インド・マハーラシュトラ州で社会改善NGOと幼稚園・小学校を運営。著書に『反応しない練習』KADOKAWA、『大丈夫、あのブッダも家族に悩んだ』筑摩書房、『こころを洗う技術』SBクリエイティブ、『これも修行のうち。』KADOKAWAなど。

今が一番幸せといえる自分を作る
人生をスッキリ整えるノート
2023年1月20日　第1刷発行

STAFF
装丁・デザイン　なかよし図工室
イラスト　草薙龍瞬
DTP　天龍社
校正　ケイズオフィス

著　者　草薙龍瞬
発行者　河地尚之
発行所　一般社団法人　家の光協会
　　　　〒162-8448
　　　　東京都新宿区市谷船河原町11
　　　　電話　03-3266-9029（販売）
　　　　　　　03-3266-9028（編集）
　　　　振替　00150-1-4724
印刷・製本　中央精版印刷株式会社